미래의 부자인 _____ 님을 위해

이 책을 드립니다.

초판 1쇄 인쇄 | 2023년 8월 11일
초판 1쇄 발행 | 2023년 8월 18일

지은이 | 김대중
펴낸이 | 박영욱
펴낸곳 | 북오션

주 소 | 서울시 마포구 월드컵로 14길 62 북오션빌딩
이메일 | bookocean@naver.com
네이버포스트 | post.naver.com/bookocean
페이스북 | facebook.com/bookocean.book
인스타그램 | instagram.com/bookocean777
유튜브 | 쏠쏠TV·쏠쏠라이프TV
전 화 | 편집문의: 02-325-9172   영업문의: 02-322-6709
팩 스 | 02-3143-3964

출판신고번호 | 제 2007-000197호

ISBN 978-89-6799-781-6 (03320)

*이 책은 (주)북오션이 저작권자와의 계약에 따라 발행한 것이므로 내용의 일부 또는 전부를
 이용하려면 반드시 북오션의 서면 동의를 받아야 합니다.
*책값은 뒤표지에 있습니다.
*잘못 만들어진 책은 구입하신 서점에서 교환해 드립니다.

세상에서 가장 쉬운 채권투자 수업

답답한 주식투자
현명한 채권투자

김대중 지음

오션

채권투자론을
쉽게 풀어쓸 수 없을까?

저는 상명대학교 경영대학원에서 석·박사를 준비하는 학생들에게 채권투자론을 강의하고 있습니다. 채권투자론을 강의하면서 가장 먼저 설명하는 것은 이자율입니다. 명목이자율과 실질이자율의 차이를 설명하면 모두 이해합니다. 다음으로 설명하는 것은 수익률과 할인율의 차이입니다. 이 부분도 모두 이해합니다. 하지만 채권 단가를 계산하는 것부터 듀레이션 등으로 넘어가면 얼굴이 점점 심각해집니다.

그 모습을 보면서 채권에 대해서 쉽게 설명할 방법은 없을까 고민했습니다. 채권을 학문으로 접근하는 석·박사생들에게는 어쩔 수 없겠지만 일반 대중에게는 아주 쉽게 설명하는 것이 가능할 것으로 생각했습니다.

이 책은 기본적인 수학을 필요로 합니다. 뭐 그렇다고 걱정할 필요는 없습니다. 채권투자에 관해 일반 독자들도 이해하기 쉽게 쓴 책이므로 어려운 수학적 테크닉은 요구하지 않을 생각입니다. 그저 더하고 빼고 곱하고 나누는 사칙연산 정도의 아주 기본적인, 중학생 정도의 수학에 시그마(Σ) 정도의 개념만 알면 충분히 이해할 수 있도록 설명할 예정입니다. 이 점에 있어서 독자 여러분은 안심하고 책을 펼쳐도 좋을 것입니다. 간혹 로그 같은 수학기호가 나오지만 이는 설명을 위

한 것이니 그냥 눈으로 보고 이해하고 넘어가면 될 것입니다.

아주 어려운 부분은 채권 전문가에게 맡기면 됩니다. 일반인이 하이 레벨의 채권이론까지 모두 알아야 할 필요는 없습니다. 하이 레벨의 채권이론은 소위 말하는 '채권쟁이'에게 맡기고 우리는 그저 어떤 구조로 돌아가는지만 이해하면 됩니다.

물론 설명하는 데 있어 정말 어쩔 수 없는 경우에는 수식이 필요하겠지만, 그것을 증명할 생각은 없습니다. 이미 많은 수학자, 통계학자, 채권학자들이 증명한 것이기에 그대로 믿어도 좋습니다. 그렇게 생각하고 차분히 읽어나가다 보면 여러분도 채권에 대해서는 술자리에서 30분 정도 떠들 수 있을 것입니다. 책의 중간중간에 우리나라 금리 변천사라든지, 채권시장에서 일어났던 흥미로운 사건들이 꽤 들어가 있거든요.

채권투자에 대한 중요성이 갈수록 증대되고 있는 시대입니다. 이 책이 독자 여러분들의 채권에 대한 이해를 돕는 데 조그만 도움이라도 되었으면 하는 바람입니다. 조금 더 나아가 채권투자에 활용된다면 더 바랄 나위가 없을 것입니다.

김대중

Chapter

6 채권 리스크

Chapter

7 채권투자 전략

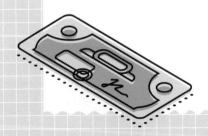

Chapter 1

채권의 기초 지식

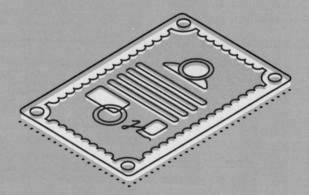

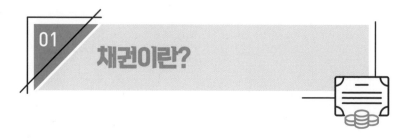

채권이란?

제 친구인 홍길동이 저에게 100만 원을 빌려달라고 했습니다. 그러면서 1년 뒤에 갚겠다고 하면서 이자는 5%를 주겠다고 했습니다. 즉, 1년 뒤에 저에게 105만 원을 줄 테니 지금 100만 원을 빌려달라는 것이지요. 그래서 저는 홍길동에게 그런 내용을 종이에 써달라고 했습니다. 그리고 홍길동은 종이에 이런 내용을 기입하여 저에게 주었습니다. 이것이 바로 채권입니다. 돈을 빌리면서 언제까지 어떤 조건으로 갚겠다고 적어주는 종이가 바로 채권입니다. 어렵게 생각할 필요가 전혀 없습니다.

흔히 채권을 '자금을 조달하기 위한 목적으로 발행하는 차용증 서로 발행자는 보유자에게 정해진 날짜에 정해진 금액을 지급할 것을 약속한다'로 정의합니다. 왠지 어려워 보이는 말이지만 결국은 홍길동이 저에게 돈 빌리면서 써주는 종이와 같은 의미입니다.

채권 용어

채권은 이렇게 생겼습니다.

위의 채권은 옛날에 발행되었던 채권의 실물입니다, A4용지 1/3 정도 되는 크기입니다. 하지만 현재는 저렇게 종이로 인쇄된 채권은 발행하지 않고 있습니다. 지금은 전자증권제도가 시행되어 실물 없이 전자등록기관의 전자등록부상으로 모든 것이 이루어집니다.

먼저 몇 가지 용어를 설명해 드리겠습니다.

액면이란 채권의 표면에 적혀있는 금액을 말합니다. 위 채권에서 채권의 표면에 금 일십억 원이라고 적혀있습니다. 그래서 이 채권의 액면가는 10억 원입니다.

표면이율이란 채권의 표면에 적혀있는 이율을 말합니다. 위 채권의 왼쪽 윗부분을 보니 연 7.5%를 지급한다고 적혀있습니다. 그래서 이 채권의 표면이율은 7.5%입니다.

발행일이란 이 채권이 태어난 날입니다. 이날부터 이자가 계산됩니다. 위 채권의 경우 발행일은 1998년 6월 29일이라고 되어있습니다. 이날부터 이자가 계산되어 6월 30일이 되면 하루치 이자가 발생하고 1999년 6월 29일이 되면 1년치 이자가 발생합니다. 탄생일이라고 생각해도 좋을 것 같습니다.

만기일이란 이 채권이 존재하는 마지막 날입니다. 채권의 만기가 되면 채권을 발행한 측에서는 채권을 가진 측에게 돈과 이자를 모두 돌려주어야 합니다. 위 채권을 보니 만기가 2003년 6월 29일이라고 되어있습니다. 이날은 이 채권이 은퇴식을 하는 날이고 소멸되는 날입니다. 그래서 사망일이라고 생각해도 좋을 것 같습니다.

잔존 기간은 채권 매매일로부터 만기일까지의 기간을 말합니다. 이 채권의 발행일은 1998년 6월 29일이고 만기일은 2003년 6월 29일입니다. 만일 1999년 6월 29일 매매를 하였다면 잔존 기간은 4년입니다. 2002년 6월 29일 매매하였다면 잔존 기간은 1년입니다. 2003년 6월 28일 매매하였다면 잔존 기간은 1일입니다. 그래서 잔존 기간은 채권의 만기까지 남아있는 기간이라고 생각하시면 될 것입니다.

단가는 매매 수익률로 계산한 액면 1만 원당 현재의 실제 가격을 말합니다. 채권의 가격은 계속 변합니다. 매일 변하기도 하고 하루 중에서도 오전이 다르고 오후가 다릅니다. 주가가 계속 움직이듯이 채권의 가격도 리얼타임으로 계속 변합니다. 계속 변하는 채권의 그때그때의 가격을 단가라고 합니다.

그런데, 채권의 가격은 왜 변할까요? 예를 한 번 들어보도록 하겠습니다. 홍길동은 어제 4% 이자로 정기예금에 가입했습니다. 하룻밤 자고 일어났더니 밤사이에 정기예금 이자가 5%로 올라갔습니다. 똑같이 10,000원을 예금해도 어제 가입한 것은 400원의 이자를 받고 오늘 가입한 것은 500원의 이자를 받습니다. 홍길동은 임꺽정에게 어제 가입한 예금을 10,000원에 사라고 하면 임꺽정은 사지 않을 겁니다. 왜냐하면 지금 홍길동에게 예금을 사면 이자를 400원밖에 못 받으니까요. 은행 가서 예금하면 500원을 받을 수 있는데 굳이 이자를 적게 받을 이유는 없으니까요. 그래서 홍길동은 어제 10,000원에 가입한 예금을 임꺽정에게 9,900원에 사라고 합니다. 임꺽정은 생각해 봅니다. 9,900원에 사서 만기에 10,400원을 받으면 500원 이자가 생기는 것이니 오케이! 하고 예금을 삽니다. 이런 식으로 예금의 평가금이 달라지듯이 채권 가격도 늘 변화한답니다.

물론 홍길동이 손해를 보면서 예금을 넘기지는 않겠죠. 은행예금은 해지해도 원금은 돌려받으니까요. 이해를 돕기 위해서 이와 같이 설명한 것입니다.

02 채권의 발행

저와 제 친구 홍길동은 워낙 막역한 사이여서 돈을 빌려주지만 제가 잘 모르는 임꺽정이 돈을 빌려달라고 하면 돈을 안 빌려줄 겁니다. 그래서 돈을 빌리는 사람은 믿을 만한 사람이어야 합니다. 소위 돈을 떼먹지 않을 사람에게만 돈을 빌려줄 수 있는 것이지요.

그래서 채권의 발행은 주로 정부나 지방자치단체, 은행, 우량 기업에서 발행합니다. 정부에서 발행하는 채권은 우리나라 정부가 망하지 않는 한 돈을 갚아줍니다. 지방자치단체에서 발행하는 채권은 지방정부가 망하지 않는 한 돈을 갚아줍니다. 신한은행에서 발행하는 채권은 신한은행이 망하지 않는 한 돈을 갚아줍니다.

삼성전자에서 발행하는 채권은 삼성전자가 망하지 않는 한 돈을 갚아줍니다.

채권은 발행하는 입장에서는 빚입니다. 그래서 반드시 갚아야 합니다. 재무상태표에도 부채로 표기되고 타인자본으로 계산합니다. 신용이 없는 곳에서도 발행할 수는 있지만 사주는 곳이 없습니다. 가끔 신문에서 '물량 소화가 어렵다'라는 기사를 볼 때가 있을 텐데요, 이 말은 채권을 발행했는데 누가 안 사간다는 뜻입니다.

채권은 파는 측에서 사는 측으로 직접 발행하는 경우도 있지만 대부분은 증권회사를 통해서 불특정 다수를 대상으로 발행합니다. 전자의 경우를 사모발행이라 하고 후자의 경우를 공모발행이라고 합니다. 사모발행은 파는 측과 사는 측이 미리 합의를 해서 이루어집니다. 공모로 발행해도 잘 소화되지 않을 것 같거나 단기운영자금의 조달을 위해 소규모로 발행하는 경우에 해당되며 감독기관에 신고를 하지 않아도 되기 때문에 빠른 일 처리가 가능합니다. 하지만 그 대신 발행금리는 공모보다 높습니다. 일장일단이 있는 것이지요. 우리나라의 사모발행은 자금 대출의 성격을 가지고 있어서 은행이나 보험사를 상대로 발행하는 경우가 일반적입니다.

이에 반해 공모발행은 불특정 다수의 투자자를 대상으로 채권을 발행하는 방법입니다. 투자자들이 알기 쉽도록 일정한 룰에 따라 발행됩니다. 공모발행은 다시 직접발행과 간접발행으로 나누는데요, 직접발행은 채권이 제대로 소화되지 않을 때 발행회사가 모두 부담하는 것이고, 간접발행은 인수증권사가 발행 채권의 전부 또는 일부를 인수해서 발행 부담을 떠안는 것을 말합니다.

직접발행과 간접발행

직접발행은 다시 매출발행과 입찰발행으로 나눕니다.

매출발행은 채권 발행액을 미리 정하지 않고 일정 기간에 투자자들에게 판 금액 전체를 발행총액으로 하는 것입니다. 그리고 입찰발행은 경쟁입찰과 비경쟁입찰로 나누는데 경쟁입찰은 채권의 발행조건을 입찰시켜 가장 유리한 것으로 발행하는 것이고 비경쟁입찰은 미리 발행조건을 정한 후 투자자가 구입액을 입찰하는 방식입니다.

간접발행은 총액인수, 잔액인수, 위탁모집으로 나누는데 총액인수는 채권 발행업무 모두를 인수증권사가 맡아서 처리하며 채권 발행액을 모두 인수한 후에 인수증권사의 책임하에 파는 것입니다. 잔액인수도 채권 물량이 다 팔리지 않으면 그 잔액에 대해서 인수합니다. 위탁모집은 인수기관이 발행회사의 대리인 자격으로 혹은 인수기관 자신의 명의로 채권을 발행하는 방법입니다. 다만 이 경우에 채권이 다 팔리지 않으면 발행회사가 떠안습니다.

채권의 투자

　채권은 자산운용회사나 보험회사, 은행 등에서 삽니다. 간혹 개인이 사는 경우도 있지만, 개인이 사는 경우는 금액이 미미합니다. 몇억 정도는 사겠지만 몇십억, 몇백억, 이렇게는 사기 힘들죠. 채권시장에 참여하는 플레이어들은 보통 억을 개로 표현합니다. 그래서 100억을 100개, 1,000억을 1,000개 이렇게 부릅니다. 그리고 기본수량은 관행적으로 100억 원이 최저금액이기 때문에 개인투자자가 참여하기에는 어려움이 많습니다. 개인투자자 입장에서는 소규모 채권이나 채권형 펀드 정도로 참여하는 경우가 대부분입니다.

자산운용회사는 왜 채권을 살까요? 채권형 펀드를 운용하기 위해서입니다. 채권형 펀드는 개인이나 법인의 돈을 모아 채권으로 운용해 수익을 올리는 펀드입니다.

보험회사는 왜 채권을 살까요? 자금 운용을 위해서입니다. 보험 가입자들은 대부분 10년, 20년의 긴 기간 동안 가입하고 보험 혜택을 받습니다. 정해진 기간 동안 보험 가입자들의 돈을 잘 굴려서 돌려주어야 하는데 주식은 변동성이 심해서 많이 사지 않고 변동성이 없는 채권을 주로 사서 운용합니다. 채권도 변동성이 있기는 있는데 대부분 보험회사들이 만기보유전략, 그러니까 만기까지 채권을 가지고 가는 전략을 사용하기 때문에 변동성이 없다고 표현한 것입니다.

변동성이 심하다는 것이 무엇이냐고요? 변동성이 심하다는 것은 가격의 부침이 심하다는 뜻입니다. 2021년 1월 11일 삼성전자의 주가는 9만 6천8백 원까지 갔었는데 2022년 9월 30일에는 5만 1천8백 원까지 하락했습니다. 2021년 삼성전자에 9,680만 원을 투자한 경우 2022년에는 5,180만 원이 되어 거의 절반 가까이 손해를 본 셈이 되었습니다. 이런 경우가 변동성이 심하다는 것입니다.

채권은 처음 살 때 만기에 받을 금액을 끝전까지 정확하게 알수 있습니다. 그래서 변동성이 없다고 한 것입니다.

은행의 정기예금과 채권

채권은 은행의 정기예금에 비유될 수 있습니다. 은행의 정기예금은 6개월, 1년, 2년, 3년. 이런 식으로 되어있습니다. 그리고 그기간 동안 지급할 이자를 명시합니다. 예를 들어서 6개월이면 3%, 1년이면 4%, 3년이면 5% 이런 식으로 이자 지급을 명시합니다. 채권도 은행의 정기예금과 마찬가지입니다. 채권 만기가 1년짜리인 채권을 샀다면 1년 정기예금에 가입한 것과 같습니다. 채권 이자가 4.5%였다면 이 채권에 투자한 경우 이자가 4.5%인 1년 정기예금에 가입한 것과 같습니다. 실제 채권을 살 때는 기간이 1년 단위로 딱 떨어지는 경우는 드뭅니다. 그래서 1년 2개월 남은 채권을 5%에 샀다면 이자가 5%인 1년 2개월짜리 정기예금에 가입한 것과 같은 효과를 얻습니다.

채권에 투자하면 은행 정기예금에 비해 좋은 점이 있습니다. 만일 채권 가격이 오르면 팔아서 원래 예상했던 이자보다 더 높은 수익을 얻을 수 있습니다. 반면 채권 가격이 내리면 팔지 않고 만기에 상환받으면 됩니다.

물론 단점도 있습니다. 은행의 정기예금에 가입했다가 은행이 망하면 5천만 원까지는 '예금자보호법'에 의하여 보호받습니다. 하지만 채권에 투자했다가 채권을 발행한 회사가 망하면 '예금자보호법'의 대상이 아니기 때문에 한 푼도 보호받지 못합니다. 그래서 일반적으로 은행의 정기예금 이자보다는 채권의 이자가 더 높습니다. 채권 이자가 은행의 정기예금 이자보다 높은 또 다른 이유는 은행 마진 때문입니다. 은행은 고객으로부터 돈을 받아 대출이나 채권을 통해 자금을 운용하고 일정 부분은 자기네 몫으로 돌립니다. 그래야 직원들 월급도 주고 배당도 주고 할테니까요. 채권은 별도의 마진을 떼는 곳이 없으니 그만큼 더 수익이 높다고 하겠습니다.

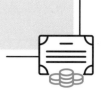

04 채권의 본질

채권의 가장 큰 본질은 선순위 증권이라는 것입니다. 항상 주주의 배당에 우선하며 이자를 지급받을 권리가 있습니다. 혹시 회사가 망했을 경우에는 잔여재산청구권을 행사할 수 있습니다. 이때에도 후순위채나 우선주, 보통주보다 먼저 잔여재산을 받을 수 있습니다.

채권의 또 다른 본질은 만기가 정해져 있다는 것입니다. 처음에 발행할 때 3년인지, 5년인지, 10년인지를 명확하게 설정해서 발행합니다. 몇 년 몇 월 며칠에 지급하겠다는 것을 약속합니다. 그리고 돈을 갚아야 할 날이 되면 그 약속을 지킵니다. 만일 약속을 지키지 못하면 부도가 났다고 표현합니다. 자산운용회사나 보험회사 등은 만기일에 맞추어서 자금을 운용합니다. 뒤에 설명하겠지만 듀레이션을 조절하는 것도 다 만기일과 연관되어 있답니다.

채권은 확정 이자를 지급합니다. 처음에 발행할 때 이자를 얼마 주겠다고 미리 밝힙니다. 이자가 변동되는 변동금리채권이나 역변동금리채권 같은 것이 있기는 합니다만 이 같은 경우에도 이자의 계산방식은 처음부터 정해져 있습니다.

그리고 이자를 미리 줄지, 나누어 줄지, 만기에 한꺼번에 줄지도 밝힙니다. 중간에 바꿀 수 없습니다. 중간에 바꾸는 채권이 있기는 합니다만 그것도 조건을 미리 명확하게 해 놓아야 합니다.

채권은 장기 증권입니다. 일반적으로 발행부터 상환까지의 기간이 깁니다. 우리나라에서 발행하는 채권 중에 가장 만기가 긴 채권은 국고채 50년물입니다. 만기가 무려 50년이지요. 이런 채권을 누가 사겠느냐고 생각할 수 있지만 보험회사 같은 곳에서는 이런 초장기채가 필요합니다. 예를 들어 지금 10세 어린아이가 연금보험에 가입해서 60세부터 연금을 받는다면 50년 만기 채권이 필요하지요.

채권의 마지막 본질은 언젠가는 갚아야 한다는 것입니다. 1년을 약속했으면 1년 뒤에 갚아야 하고 10년을 약속했으면 10년 뒤에는 갚아야 합니다. 이렇게 채권이 발행되어서 모두 갚는 소요 기간을 만기라고 합니다.

채권의 본질은 신뢰

교과서에는 나오지 않지만 저는 채권의 본질을 신뢰라고 이야기하고 싶습니다. 채권시장에서 신뢰만큼 중요한 것은 없습니다. 채권 딜러들도 서로가 신뢰를 가지고 매매를 합니다. 누군가가 보증을 섰다면 당연히 그럴 것으로 생각하고 거래를 합니다. 채권시장에서 신뢰가 깨지면 돌이킬 수 없는 결과가 닥칩니다.

2022년의 레고랜드 사태가 대표적입니다. 강원도에서 레고랜드의 자산유동화기업어음 2,050억 원을 보증섰는데, 이를 무시하고 갚지 않습니다. 금융시장은 난리가 났습니다. 강원도에서 보증을 섰다는 것은 '레고랜드의 신용도가 강원도 지방채 신용도와 동일하다'라는 뜻입니다. 그런데 갚지 않으니 난리도 이런 난리가 없죠. 이 여파로 한국도로공사 회사채도 유찰되고 한전, 국가철도공단, 인천교통공사 등이 연이어 유찰됩니다. 금융시장이 마비되자 정부에서는 시장 유동성 공급 프로그램을 가동해 50조 원 이상으로 확대합니다. 그래도 한국가스공사, 인천도시공사는 유찰됩니다. 이후 한국은행에서 43조 원의 유동성 지원 방침을 발표하고 5대 금융지주에서는 95조 원의 유동성 공급과 자금지원을 발표합니다.

2천억 원 때문에 200조 원이 동원된 것입니다. 2천억 원 때문에 2,500조 원의 채권시장이 흔들린 것입니다. 채권시장에서 신뢰가 깨지면 이렇게 무섭습니다.

채권의 특성

채권의 수익은 이자소득과 자본소득으로 구성됩니다. 이자소득은 말 그대로 이자를 통해서 얻는 소득입니다. 채권의 표면에 이자가 명시되어 있어서 이 약속대로 이자를 지급받습니다. 자본소득은 채권의 가격변동에 따라 발생하는 소득입니다. 채권도 매일매일 가격이 변합니다. 그래서 쌀 때 사서 비쌀 때 팔면 자본소득이 생깁니다.

예를 들어서 삼성전자 주식을 7만 원에 사서 8만 원에 팔면 1만 원의 자본소득이 생기고, 채권을 1만 원에 사서 1만 5백 원에 팔면 5백 원의 자본소득이 생기는 것입니다.

만일 비쌀 때 사서 쌀 때 팔면 자본소득이 아니라 자본손실이 생기겠지요. 이럴 때는 매매를 하지 않고 그냥 가지고 있으면 됩니다. 그럼 중간에 아무리 채권 가격이 변동되더라도 만기에는 약속된 이자를 모두 받을 수 있으니까요. 만일 채권 가격이 더 하락할 것으로 예상하거나 아니면 돈이 필요할 때에는 손실을 무릅쓰고 팔 수밖에 없겠지요.

채권의 또 다른 특성은 안정성입니다. 안전하다는 것이지요. 왜냐하면 채권의 발행자가 대부분 정부나 지방자치단체, 은행, 우량기업같이 안전한 곳이기 때문입니다. 그래서 돈을 갚지 않을 위험이 매우 낮습니다. 솔직히 신한은행이나 삼성전자가 망한다고 생각하지는 않잖아요. 물론 외환위기 때 망한 은행들이 있기는 했지만 모두 합병을 통해서 구제되었고 지금은 금융감독원에서도 은행의 건전성에 대해서 지속적으로 모니터링을 하고 있거든요.

물론 그렇다고 해서 100% 안전한 것은 아닙니다. 세상 일이라고 하는 것이 알 수가 없잖아요. 남북한 간에 핵전쟁이 일어난다든지, 제2의 외환위기가 온다든지 하는 일이 발생할 수도 있겠죠. 그럴 때는 안정성에 문제가 생길 수도 있습니다. 하지만 그런 일이 발생할 확률을 따져본다면 굉장히 희박하겠죠.

만기 전에 팔아야 하는 경우

채권의 만기가 기니까 '혹시 중간에 돈이 필요하면 어떡하지?' 하고 생각할 수도 있을 것 같습니다. 하지만 이는 걱정하지 않으셔도 됩니다. 채권을 사고파는 유통시장이 발달해 있어서 채권이 만기가 되기 전이라도 자유롭게 중도에 매매가 가능합니다. 금융기관끼리의 채권 매매는 주로 메신저를 통해서 이루어지는데요, 사는 쪽과 파는 쪽이 서로 거래를 승인하면 'ㅎㅈ'이라는 말로 확정 짓습니다.

채권을 중간에 판다고 해서 불이익을 당하는 경우도 없습니다. 은행의 정기예금 같은 것은 중간에 출금하게 되면 정해진 이자를 받지 못하고 훨씬 낮은 금리만을 받는 경우가 많습니다. 하지만 채권은 중간에 판다고 하더라도 제값을 모두 받습니다. 이것도 큰 차이라고 하겠습니다. 아, 오해의 소지가 있을 것 같아서 추가 설명을 드리겠습니다. 제값을 모두 받는다고 표현한 것은 현재의 시세대로 받을 수 있다는 뜻입니다. 채권을 중간에 팔 때 뜻하지 않게 금리가 많이 하락해서 원래 생각했던 채권 이자보다 훨씬 더 많은 돈을 출금할 수도 있고, 반대로 금리가 많이 상승해서 처음에 투자했던 경우보다 손실을 보는 경우가 아주 드물게 있기는 합니다. 하지만 중간에 팔았다고 해서 페널티를 무는 경우는 전혀 없습니다.

06 채권과 주식

채권을 설명할 때 가장 많이 비교하는 것이 주식입니다.

주식을 가진 사람을 주주라고 합니다. 주주는 주주총회에 참석해서 발언할 수 있습니다. 단 1주를 가지고 있어도 말입니다. 물론 대부분의 권한은 지분만큼 권한을 가집니다. 그래서 주식이 많은 사람은 장부 열람도 요구할 수 있고 회사의 경영에 대해서 관여할 수도 있습니다.

이에 반해 채권을 가진 사람을 채권자라고 합니다. 채권자는 주주총회에 참석할 수도 없고 회사의 경영에 대해 간섭할 수도 없습니다. 그냥 돈을 빌려주고 정해진 날에 돈을 돌려받으면 됩니다.

그래서 돈의 성격도 다릅니다. 주주가 투자한 주식은 자기자본에 들어갑니다. 회사를 경영하려면 밑천이 들잖아요? 공장도 지어야 하고 사무실도 필요하고 직원들 월급도 줘야 하는 밑천이 바로 자기자본입니다. 하지만 채권은 타인자본입니다. 즉 회사의 밑천이 아니라 회사가 일시적으로 빌린 돈이고 정해진 기간에 갚아야 하는 돈입니다.

주식을 가지고 있으면 배당을 받습니다. 장사를 잘해서 이익이 많이 나면 배당을 많이 받고 장사를 못해서 이익을 못 내면 배당을 못 받기도 합니다. 어떤 회사는 분기마다 배당을 주기도 하고, 어떤 회사는 몇 년째 배당을 못 주기도 합니다. 이에 반해 채권은 이자를 받습니다. 이자는 장사를 잘해서 이익을 많이 내건, 장사를 못해서 적자가 나건 관계없이 무조건 지급을 해야 합니다. 이익이 많이 났다고 이자를 많이 주지도 않지만, 이익이 안 났다고 안 줄 수도 없습니다. 이익의 유무와 관계없이 무조건 일정한 금액을 일정한 날짜에 지급해야 합니다.

주식은 상환기간이 없습니다. 회사가 존재하는 한 계속 유지됩니다. 돈이 필요하면 주식을 팔아야 합니다. 이에 반해 채권은 상환기간이 존재합니다. 그래서 만기가 되면 돈을 돌려받고 채권은 소멸됩니다. 만일 중간에 돈이 필요하면 역시 채권을 팔면 됩니다. 아! 채권 중에 상환기간이 없는 채권이 있기는 합니다. 영구채라고 하는 것입니다. 영구채는 영구히 존재하는 채권이라는 뜻에서 영구채라고 부릅니다. 원금은 갚지 않고 이자만 지급하면서 계속 존재하는 채권이라는 뜻입니다. 하지만 이 경우에도 중간에 돈을 갚을 수 있는 조건이 붙어있습니다.

채권과 주식의 비교

구분	주식	채권
증권의 성격	자기자본	타인자본
투자자의 지위	주주	채권자
투자금의 회수	매도, 주식매수청구	매도, 만기 시 상환
할인 발행	불가	허용
상환 여부	영구증권	기한부증권

07 증권시장의 구조

흔히 증권하면 주식만 생각하기 쉬운데, 사실은 주식과 채권을 합쳐서 증권이라고 합니다. 그래서 증권시장은 크게 주식시장과 채권시장으로 구분합니다. 주식시장은 다시 발행시장과 유통시장으로 구분합니다. 발행시장은 처음에 주식이 거래소에 상장되는 것과 관련된 시장이고 유통시장은 상장된 주식이 거래되고 있는 시장입니다. 우리가 흔히 주식시장이라고 하면 유통시장을 말하는 것입니다.

채권시장에도 발행시장과 유통시장이 있습니다. 발행시장은 채권이 처음에 발행되는 시장이고 유통시장은 발행이 끝난 채권이 거래되는 시장입니다.

발행시장에서는 증권사가 발행기관이 되어 채권 발행과 관련된 여러 가지 일들을 합니다. 주로 몇 개의 증권사가 주간사, 인수사, 판매사의 역할을 하고 증권사 외에는 산업은행이 발행기관이 될 수 있습니다.

발행시장에서 채권을 매수한 투자자는 중간에 돈이 필요하다고 해서 발행자에게 돈을 돌려달라고 할 수 없습니다. 만기가 될 때까지 기다려야 합니다. 이런 경우를 대비해서 만기가 되기 전에 투자자가 채권을 현금화할 수 있는 곳이 유통시장입니다. 유통시장이 있음으로써 채권의 유동성도 확보할 수 있고 채권의 공정한 가격도 알 수 있습니다. 만일 유통시장이 없고 발행시장만 있다면 수익을 실현할 기회도 없고 채권의 담보력도 제공하기 곤란하며 채권의 공정한 가격도 알 수 없을 것입니다. 따라서 유통시장은 발행시장을 측면에서 지원하는 역할도 같이 하고 있다고 할 것입니다.

주식과 채권 공히 유통시장은 장내시장과 장외시장으로 나눕니다. 장내시장은 거래소가 있어 거래소 내에서 이루어지는 거래입니다. 한국거래소 전자 매매시스템을 통하여 다수가 경쟁매매

방식으로 거래합니다. 반면 장외시장은 거래소 이외에서 이루어지는 시장입니다. 증권회사의 중개를 통해, 금융투자협회에서 만든 K본드 메신저를 통해 상대매매 방식으로 거래합니다.

채권은 장외시장 중심

여기서 알아두어야 할 점은 주식은 장내시장을 중심으로 거래되고 채권은 장외시장을 중심으로 거래된다는 점입니다. 주식은 발행되는 것이 한 종류 혹은 두 종류입니다. 예를 들어서 삼성전자가 유상증자를 하더라도 똑같이 삼성전자 주식을 받습니다. 그래서 한국거래소에서는 삼성전자에 05930이라는 코드번호를 주고 우선주는 뒤에 5를 붙여 삼성전자 우선주는 05935로 코드번호를 줍니다.

하지만 채권은 약간 다릅니다. 왜냐하면 채권은 발행일에 따라 이자와 만기가 달라지기 때문입니다. 따라서 한 회사가 채권을 발행하면 발행할 때마다 새로운 종목으로 인식되기 때문에 종목이 매우 광범위해집니다. 삼성전자 주식은 오직 하나입니다만, 삼성전자 채권은 '2020년3월26일만기삼성전자채', '2021년5월23일만기삼성전자채', '2022년7월5일만기삼성전자채', '2023년10월24일

만기삼성전자채', '2024년11월3일만기삼성전자채' 등과 같이 모두 다르게 인식됩니다.

여기에 채권시장은 거래 규모가 큽니다. 그래서 일반인들이 접근하기가 쉽지 않습니다. 그러다 보니 그들만의 리그식으로 장외에서 거래되는 경우가 많습니다. 그런데 장외거래는 투명성에서 문제가 발생할 여지가 있습니다. 사는 측과 파는 측이 서로 짜고 칠 수가 있거든요. 그래서 금융당국에서는 지속적으로 장내에서 매매하도록 증권사에게 여러 가지 조치를 취합니다. 그 결과 채권 유통시장에서의 장내거래 비중은 지속적으로 상승합니다. 제가 채권본부장으로 근무할 때 20%도 되지 않았던 장내거래 비중이 지금은 30~40% 정도를 차지하고 있습니다.

채권시장의 강세와 약세

채권수익률이 내려가는 경우를 '채권시장이 강세다'라고 표현하고 채권수익률이 올라가는 경우를 '채권시장이 약세다'라고 표현합니다.

주식시장과 대비되는 부분인데요, 주식시장은 종합주가지수가 오르면 주식시장이 강세라고 표현하고 종합주가지수가 내리면 주식시장이 약세라고 표현합니다.

　채권시장은 채권수익률이 떨어지면 채권 단가가 올라가서 강세입니다. 채권수익률이 오르면 채권 단가가 내려가서 약세 입니다.

채권과 세금

채권을 통해서 수익이 발생했을 때 세금은 어떻게 될까요? 세금을 내는 부분이 있고 내지 않는 부분이 있습니다. 채권투자의 수익은 크게 이자소득과 매매차익으로 구분합니다. 이자소득은 채권을 보유함으로써 받는 이자를 말하는 것이고 매매차익은 채권을 사고팔아서 그 차익을 얻는 것을 말합니다. 이때 이자소득은 보유 기간을 따져 세금을 부과하고 매매차익에 대해서는 세금을 부과하지 않습니다.

채권형 펀드에 가입해서 10%의 수익을 올렸다고 가정해 봅시다. 만일 10%의 수익 중에서 이자수익이 8%이고 매매차익이 2%

라면 이자수익 8%에 대해서는 이자소득세 15.4%를 부과하고 매매차익 2%에 대해서는 세금을 부과하지 않습니다.

채권투자가 다른 투자 방법에 비해서 유리한 점은 절세의 효과를 누릴 수 있다는 점입니다. 채권 보유기간에 따라 발생하는 이자소득세는 표면이율을 기준으로 이루어집니다. 즉 수익률이 10%라고 하더라도 액면의 표면이율이 3%라고 하면 3%에 해당하는 세금을 낸다는 점입니다. 따라서 가급적이면 표면이율이 낮은 채권에 투자하는 것이 세금을 아낄 수 있는 한 방법입니다.

판교채권이라고 있었습니다. 판교아파트 분양 당첨자들은 무조건 매입해야 하는 채권이었습니다. 발행조건은 만기 10년에 표면이자는 0%였습니다. 즉 10년 뒤에 1억을 받을 수 있는 채권을 지금 1억을 주고 사야 하는 것이었습니다. 대부분의 당첨자들은 이 채권을 팝니다. 2006년 당시 약 38% 할인된 금액으로 거래가 되었습니다. 이 채권의 경우 만기가 되었을 때 세금을 내지 않았습니다. 표면이자가 0%였기 때문에 세금도 0%였기 때문입니다.

무기명채

혹시 '묻지마 채권'이라는 말 들어보셨나요?

1998년 겨울이었습니다. 당시 외환위기로 인해 금융시장이 마비되자 정부는 재정 확보를 이유로 자금출처 조사를 면제받을 수 있는 무기명채권을 발행했습니다. 채권 발행기관으로는 근로복지공단, 중소기업진흥공단, 한국증권금융 등이었고 발행 금액은 4조 원에 육박했습니다.

당시 제가 증권사의 차장으로 근무하고 있을 때였습니다. 고객의 부탁으로 30억 정도를 매입하여 고객에게 전달해드렸던 기억이 납니다.

이 채권이 좋았던 점은 상속세, 증여세를 회피할 수 있었다는 것입니다. 만기가 되어 이 채권을 제시하면 원리금을 지급받는데요, 이 경우 일체의 자금출처 조사 없이 자기 돈이 되는 것입니다. 예를 들어 돈 많은 할아버지가 손자에게 10억을 증여한다고 가정해봅시다. 10억 원을 증여하려면 증여세가 2억 4천만 원이고 여기에 대습상속(2대에 걸친 상속) 30%를 추가하여 3억 1,200만 원을 증여세로 납부해야 합니다. 하지만 이 채권을 손자가 제시하면 자금출처 조사를 면제받기 때문에 한 푼의 세금도 없이 손자가 증여받을 수 있습니다. 어마어마한 혜택이지요. 그래서 표면금리는 낮지만 채권의 매매가는 채권 액면의 1.6배가 넘어가기도 하였습니다. 자금출처에 대하여 묻지도 따지지도 않는다고 해서 묻지마 채권으로 불리기도 했던 무기명채는 절세 이외에도 범죄조직이나 마약 자금, 로비용으로도 많이 사용되었습니다.

10년에 한 번, 20년에 한 번 꼴로 금융위기가 오거나 국가 위기가 오면 이렇게 황당한 채권이 발행되기도 합니다. 이때를 잘 활용하는 것도 채권을 활용한 절세가 될 수 있을 것 같습니다.

Chapter 2

채권의 분류

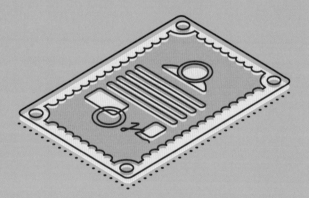

기준	분류
발행 주체	국채, 지방채, 특수채, 회사채, 외국채
보증 유무	보증채, 무보증채
이자 지급방식	할인채, 복리채, 단리채, 이표채
액면이자 확정 여부	고정금리채, 변동금리채, 역변동금리채
모집방식	사모채, 공모채
상환 방법	만기상환, 분할상환
상환기간	단기채, 중기채, 장기채
발행가액	액면발행채, 할인발행채, 할증발행채
옵션 여부	콜옵션부 채권, 풋옵션부 채권

발행 주체 – 국채

　채권의 종류는 다양합니다. 국채도 있고 보증채도 있고 할인채도 있습니다. 이런 것들은 모두 분류방식에 따라 구분되는 것들입니다. 다양한 채권의 종류를 하나씩 살펴보는 것도 채권의 이해에 도움이 될 것 같습니다.

　가장 먼저 채권을 발행한 주체가 누군지부터 한 번 살펴보겠습니다.

　발행 주체를 기준으로 보면 중앙정부에서 발행하는 국채, 지방정부가 발행하는 지방채, 한국은행이 발행하는 통안채, 특별법에 의해서 설립된 법인이 발행하는 특수채, 회사에서 발행하는 회사채, 외국법인이 발행하는 외국채 등이 있습니다.

국채는 모든 나라에서 채권시장의 가장 중요한 부분을 형성합니다. 우리나라도 마찬가지입니다. 외환위기 이전에는 회사채 시장이 주가 되기도 하였지만 지금은 명실공히 국채 중심의 채권시장이 형성되고 있습니다. 가장 거래도 활발하고 실세금리도 바로 반영해서 채권시장에서 차지하는 비중이 가장 높습니다. 채권별 발행 잔액을 보면 국고채가 30%, 회사채가 16%, 기타 특수채가 16%, 은행채가 15%, 통안채가 8%, 기타 금융채가 8%, 기타 국채가 4% 정도의 수준을 보이고 있습니다.

국채는 왜 발행하는가?

국채는 왜 발행할까요? 국가에 돈이 없어서 그렇습니다. 원래는 국민들로부터 세금을 거두어 그 돈으로 살림을 꾸려나가야 하는데, 세금보다 더 많은 돈이 필요할 때가 있습니다. 공공목적에 필요한 자금이나 각종 정책을 지원하기 위해서 그렇습니다. 그렇다고 한국은행에서 돈을 마구 찍어낼 수도 없지요. 이런 이유로 국가에서는 '나중에 돈을 갚아 줄테니 지금 돈 좀 빌려다오' 하는 것입니다.

뭐 그렇다고 마음대로 발행하지는 못하고 국회의 의결을 거쳐야 합니다. 기획재정부장관이 중앙정부의 각 부처로부터 발행 요청을 받아 국채발행계획안이라고 하는 것을 작성합니다. 이것을 국무회의에 올려 상정하고 심의한 다음 대통령의 재가를 얻어 국회에 제출합니다. 국회에서는 상임위 심의를 거쳐 본회의에서 심의 의결하고 통과되면 정부에 통보합니다. 그럼 정부는 국채 발행 일정 등 계획을 수립하고 국채 발행 계획에 따라 국채 발행 대행기관을 통해 발행합니다. 발행대금은 한국은행의 정부 예금계정에 입금되는 절차를 거칩니다. 발행 한도는 국회의 동의를 받은 한도 이내에서만 발행합니다.

국고채권, 외화표시 외국환평형기금채권(외평채), 국민주택채권, 재정증권 등의 4종의 국채가 발행되고 있습니다. 국고채권은 국가의 재정 정책 수행에 필요한 자금을 조달하기 위해서 발행되고 있고 만기는 3, 5, 10, 20, 30, 50년입니다. 외평채는 국제금융시장에서 외화표시 한국채권의 기준금리 역할을 강화하고 한국경제를 홍보하기 위해 발행합니다. 만기는 5, 10, 15, 20년입니다. 국민주택채권은 서민의 주거생활 안정을 목적으로 발행합니다. 만기는 5년입니다. 재정증권은 정부의 일시적인 재정 부족 자금을 보전하기 위해 발행하며 만기는 1년 이내입니다. 국채 중에는 국고채가 가장 발행 물량이 많고 거래도 활발하게 이루어지고 있으며 최근 발행된 국고채 유통수익률이 지표금리 역할을 하고 있습니다.

02

발행주체 – 지방채

　지방채는 특별시, 광역시 등의 지방자치단체가 필요한 자금을 조달하기 위하여 발행하는 채권입니다. 국채가 국회의 허락을 받아야 하듯이 지방채도 지방의회의 허락을 받아야 합니다. 지역개발채권이 대표적이며 지하철공채, 도로공채, 상수도공채 등이 있습니다. 우리가 자동차를 살 때 무조건 구입해야 하는 채권들이 바로 지방채입니다. 지방채는 국채 다음가는 신용을 가지고 있는 곳입니다. 지방정부가 망할 리는 없겠죠. 만일 망할 것 같으면 중앙정부에서 도와주겠죠. 그러다 보니 거의 중앙정부와 버금가는 신용도를 가지고 있습니다.

그런데 2022년에 강원도가 보증을 선 채권에 대해 지급을 거부하는 일이 벌어집니다. 내용을 살펴보면 복잡하지만 결론적으로 말해서 지방채의 신용에 대해 투자자들이 고개를 갸우뚱하는 결과를 낳았습니다. 이후 지방채의 신용은 크게 떨어지고 물량은 제대로 소화가 안 되는 일이 발생했습니다. 강원도에서 채권시장의 메커니즘을 제대로 이해하지 못하고 벌인 일 같은데요, 아무튼 긁어 부스럼 만든 대표적인 케이스가 아닌가 합니다. 아마 2022년의 강원도 레고랜드 사건은 앞으로 채권 교과서에 계속 등장할 것 같습니다.

특수채, 통안채, 회사채, 외국채

특수채는 한국전력, 한국도로공사, 한국토지공사, 예금보험공사 등 특별법에 의해 설립된 법인이 발행하는 채권입니다. 특수채는 국가의 보증 혹은 신용보강을 받고 있기 때문에 최고 신용등급을 받습니다.

한국전력은 대규모의 전력시설을 만들어 유지하고 공급하는 곳입니다. 엄청난 설비가 들어가지요. 이 돈을 충당하기 위하여 채권을 발행할 수밖에 없습니다. 국민들로부터 전기세를 받아 충당하면 좋지만, 전기세를 올리면 국민 저항이 심하다 보니 마음대로 올리지도 못합니다. 그래서 돈을 갚지 못하고 돈을 갚기 위해서 다시 채권을 발행하는(이것을 차환발행이라고 합니다) 악순환에 빠져 있지요.

한국도로공사도 마찬가지입니다. 전국에 수많은 고속도로를 만들기 위해서는 엄청난 자금이 필요합니다. 충분한 돈이 있다면 모르지만 그렇지는 않지요. 돈이 부족합니다. 그래서 채권을 발행합니다. 그리고 고속도로 통행료를 받아 돈을 갚아나갑니다. 우리가 고속도로를 이용할 때 내는 통행료는 한국도로공사의 채권을 갚는 데 이용된답니다.

대표적인 특수채로는 한국전력채권, 한국도로공사채권, 토지개발채권, 한국가스공사채권, 산업금융채권 등이 있습니다. 한국산업은행이 발행하는 산업금융채권은 자본금 및 적립금의 30배 이내에서만 가능하고 한국전력공사가 발행하는 한국전력채권은 자본금 및 적립금의 2배 이내에서만 발행이 가능합니다.

통안채는 통화의 안정을 위해 한국은행이 발행하는 것으로 금융통화위원회가 설정한 한도 이내에서만 발행이 가능합니다. 한국은행은 물가안정을 위해 통화량을 관리하고 있습니다. 통화량이 부족하다고 판단할 때는 유동성을 공급하기 위해 통안채 발행량을 줄이고 반대로 통화량이 넘친다고 판단할 때는 유동성을 흡수하기 위해 통안채 발행량을 늘립니다. 통안채 발행량을 줄인다는 것은 한국은행으로 들어갈 자금이 줄어든다는 뜻이고 통안채 발행량을 늘린다는 것은 시중의 자금이 통안채를 사기 위해서 한국은행으로 들어간다는 뜻입니다. 시중의 자금이 한국은행으로 들어가면 당연히 시중의 통화량은 줄어들겠죠.

회사채는 말 그대로 회사가 발행하는 채권입니다. '상법'상의 주식회사가 발행하는데 신용등급에 따라 발행할 때 이자가 천차만별입니다. 신용등급이 높을수록 이자는 낮고 신용등급이 낮을수록 이자는 높습니다. 당연하겠죠? 회사채는 발행 한도에 제한이 없습니다. 예전에는 '회사채 총액이 발행 기업 순자산의 4배를 초과할 수 없다'라는 규정이 있었는데 지금은 없어졌습니다. 다만 은행이 발행하는 은행채는 자기자본의 3배 이내에서만 발행이 가능합니다. 그리고 외국채권은 외국법인이 발행한 채권입니다.

03

보증 유무

채권을 발행한 자가 돈을 갚지 못하면 대신 갚아주겠다고 제3자가 보증을 서는 경우가 있습니다. 주로 증권회사에서 많이 보증을 서는데요, 물론 그렇다고 공짜로 보증을 서주지는 않고 발행회사에서 일정한 수수료를 받지요. 이것이 증권회사의 주요 수익원이 되기도 했고요. 이렇게 원리금에 대한 보증이 있는 채권을 보증채, 보증이 없는 채권을 무보증채라고 합니다. 일반적으로 보증채보다는 무보증채의 금리가 더 높습니다.

보증채는 발행자가 망하더라도 보증을 선 사람이 대신 갚아야 하기 때문에 보증채에서 중요한 것은 발행자의 신용등급이 아니라 보증자의 신용등급입니다.

저팔계는 손오공에게 1천만 원을 빌리려고 합니다. 평소 돈을 잘 갚지 않는 저팔계이기 때문에 손오공은 돈을 빌려주지 않으려고 했습니다. 그러자 그때, 옆에 있던 사오정이 혹시 저팔계가 돈을 갚지 않으면 자기가 대신 갚아주겠다고 약속했습니다. 그런데 문제는 사오정도 역시 돈을 빌리면 잘 갚지 않는 자였습니다. 그래서 손오공은 돈을 빌려주지 않겠다고 이야기합니다.

이때 삼장법사가 나타나 만일 저팔계가 돈을 갚지 않으면 자신이 대신 갚겠다고 이야기합니다. 삼장법사는 한 번 약속하면 반드시 약속을 지키는 사람이라 손오공은 삼장법사의 말을 믿고 흔쾌히 돈을 빌려줍니다. 손오공이 가장 관심을 가진 부분은 저팔계의 신용이 아니라 삼장법사의 신용이었던 셈입니다. 그래서 항상 발행자의 신용보다 더 높은 신용을 갖춘 자가 보증자가 되어야 합니다. 발행자의 신용보다 보증자의 신용이 낮으면 이는 보증의 의미가 없어지는 것이니까요.

무보증채는 보증이 없는 만큼 발행자의 신용만으로 발행합니다. 따라서 신용등급이 높은 곳에서 발행하지요.

보증채에서 무보증채로

1997년 외환위기 이전의 회사채 시장은 보증채 중심의 시장이 었습니다. 돈이 필요한 회사는 회사채를 발행했습니다. 크게 문제가 없는 회사입니다만 그래도 돈이 떼일 우려가 있다 보니 일반인들은 회사채에 대한 투자를 꺼렸습니다. 그래서 가운데 증권회사가 등장합니다. 증권회사의 성격은 원래 거간꾼의 역할입니다. 갑과 을이 있으면 그 가운데에서 두 사람의 싸움은 말리고 흥정은 붙이는 그런 역할이지요. 증권회사는 이렇게 이야기합니다. '이 회사는 별문제가 없어요. 우리가 재무제표도 보고 회사 실사도 나가보고 했는데 큰 문제는 없더라고요. 그러니까 안심하고 이 회사가 발행하는 채권은 사셔도 돼요.' 그러면서 이렇게 덧붙입니다. '만일이 회사가 부도나서 돈을 갚지 못하면 저희가 대신 갚아드릴게요. 그만큼 안전하다니까요!' 하고 말입니다.

일반인들은 그 기업의 재무제표를 분석할 능력도 안 되고, 또 그럴 시간적인 여유도 없으니까 증권회사의 말을 믿고 그 회사가 발행한 채권을 삽니다.

뭐 이런 식으로 증권회사는 발행사로부터 수수료를 받아서 좋고, 발행사는 회사채가 팔려서 좋고, 투자자는 안심하고 투자해서 좋고, 누이 좋고 매부 좋은 그런 관계가 지속되어 온 것이 우리나라의 채권시장이었어요.

예를 들어 갑을주식회사가 회사채를 발행해야 하는데요, 무보증채로 발행하면 12%에 발행해야 하고 보증채로 발행하면 10%에 발행할 수 있거든요. 그러면 증권사에서 보증채로 해서 발행하고 차액 2%는 수수료로 가져가는 식이지요. 투자자는 보증을 받아서 좋고, 발행사는 원활하게 발행이 되어서 좋고, 증권사는 두둑한 수수료 챙겨서 좋고 서로가 좋은 식이었지요.

그런데 외환위기가 터져버린 겁니다. 평소 같으면 멀쩡한 회사들도 자금 경색으로 부도가 나고, 자금 운용이 막혀서 그 돈은 고스란히 증권회사가 물어주어야 했습니다. 그 여파로 산업증권, 동서증권, 고려증권 등이 망해버렸습니다. 많은 증권사들이 거의 죽다 살아났죠. 그래서 그 이후로 보증채는 자취를 감추었습니다. 외환위기 전인 1996년에는 보증채의 비중이 무려 93%에 달했는데 2000년 이후에는 3%만이 보증채로 발행된 바 있습니다.

이때부터 보증채인 회사채 중심의 채권시장이 무보증채인 국채 중심으로 바뀌기 시작했습니다.

이자 지급방식

할인채, 이표채, 복리채

채권의 이자는 미리 줄 수도 있고 나누어 줄 수도 있고 한꺼번에 줄 수도 있습니다. 미리 주는 것을 할인채, 나누어주는 것을 이표채, 한꺼번에 주는 것을 복리채라고 합니다.

할인채는 이자를 미리 주는 것입니다. 채권 가격이 10,000원이고, 표면금리는 5%라고 가정합니다. 이 경우 만기의 이자는 10,000원의 5%인 500원이 됩니다. 그럼 이자 500원을 제하고 9,500원에 채권을 삽니다. 채권 가격이 10,000원인데 9,500원에 채권을 사니 할인해서 산다고 해서 할인채라고 합니다. 우리나라에서 발행하는 할인채는 산업은행이 발행하는 산업금융채권, 통화안정채권 등이 있고 지금은 없어진 장기신용은행이 발행하던 장기신용채권이 있었습니다.

여기서 잠깐, 만기에 10,000원을 받는 채권을 9,500원에 사게 될 경우 채권수익률은 몇 %일까요? 5%라고 생각하기 쉬운데 사실은 $\frac{500}{9500}$ =0.05263, 5.263%입니다. 할인채의 수익률을 계산할 때 가장 착각을 많이 하는 부분이라서 말씀드립니다.

이표채는 이자를 나누어 주는 경우입니다. 이자 지급을 약속하는 이표가 있어서 이 이표를 떼다가 증권사에 가져가면 돈을 받을 수 있지요. 물론 지금은 다 전산이 되어있어서 이표를 뗄 일도, 증권사에 가져갈 일도 없습니다. 이표채의 대표적인 것은 회사채인데요, 분기에 한 번 이자가 나온다면 1년 이자를 4등분하여 지급합니다. 예를 들어 이자가 6%라고 가정하면 매 분기 1.5%가 나오는 것이지요.

은퇴한 사람들 중에는 이표채를 활용하여 월급같이 받는 경우도 있습니다. 분기에 한 번 이자를 지급받기 때문에, 1, 4, 7, 10월에 이자가 지급되는 회사채, 2, 5, 8, 11월에 이자가 지급되는 회사채, 3, 6, 9, 12월에 이자가 지급되는 회사채 3개를 사면 1월부터

12월까지 매달 이자를 받을 수 있습니다. 이렇게 매월 이자가 지급되어 생활비로 쓰는 것이지요.

단리채와 복리채의 계산

복리채와 단리채는 만기에 원금과 이자를 합쳐서 한꺼번에 지급하는 채권입니다. 복리채는 이자를 복리 계산하고 단리채는 이자를 단리 계산합니다. 당연히 단리채보다는 복리채가 더 좋죠. 국고채 일부가 단리채로 발행되는데, 저는 복리채를 더 많이 본 것 같습니다. 제가 증권회사에서 채권을 처음 배울 때 접했던 국민주택채권 1종, 국민주택채권 2종이 복리채였습니다. 비교적 간단하게 채권 단가를 계산했던 기억이 납니다. 그때는 PC가 보급되기 전이어서 주판과 계산기로 단가 계산을 다 했거든요.

단리채와 복리채를 한 번 계산해 볼까요? 액면이자가 12%라고 가정하고요, 만기가 3년이라고 하죠. 이자는 1년에 한 번씩 지급한다고 하고요.

단리채의 경우는 첫해에 이자 1,200원을 지급받습니다. 그리고 다음 해에도 역시 이자는 1,200원만 지급받습니다. 그리고 3년차에도 역시 이자는 1,200원만 지급받습니다. 그래서 총 지급받는 이자는 3,600원이고 원금은 10,000원이니 합치면 13,600원이 됩니다. 3년 뒤 받는 돈을 수식으로 나타내면 $10,000 \times (1+0.12 \times 3)$이 됩니다.

다음은 복리채의 경우입니다.

1만 원을 투자하면 첫해 12%인 1,200원을 받아서 11,200원이 되죠. 그다음 해에는 다시 11,200원의 12%인 1,344원을 이자로 받고 원금은 11,200원이니 합하면 12,544원이 됩니다. 다음 해에 다시 12,544원의 12%인 1,505원을 이자로 받고 원금 12,544원과 합하면 14,049원이 됩니다. 3년 뒤 받을 돈을 수식으로 하면 $10,000 \times (1+0.12)^3$로 표현할 수 있습니다.

액면이자 확정 여부와 발행가액

물가지수연계채권

채권은 정해진 이자가 있습니다. 처음 발행할 때 얼마의 이자를 어떤 식으로 주겠다고 미리 약속하는 것이지요. 그런데 특이하게도 변동금리로 정하는 채권도 있습니다. 변동금리채라고 하는 것인데요, 물가지수연계채권이 그렇습니다. 이 채권은 이자를 처음에 결정하지 않고 물가지수가 기준금리에 연동되어 매 기간마다 적용되는 이자가 변한답니다. 그래서 변동금리채 이자의 경우에는 기준금리+물가지수 변동률, 이런 식으로 표현됩니다. 지급받는 원리금이 물가지수와 연계되어 실질가치로 정해짐으로써 물가지수연계채권은 물가상승으로 인한 위험을 헤지할 수 있습니다. 특히 2022년같이 물가가 많이 오른 해에는 매우 인기 있는 상품이 되겠지요. 인플레이션 위험이 제거된 채권이기 때문에 표면금리가 낮게 책정되어 발행 단가가 낮아지는 장점도 있습니다.

물가지수연계채권은 국채, 회사채, 특수채 등으로 발행될 수 있는데 대부분의 국가에서는 국채의 형태로 많이 발행합니다. 이 경우 정부 입장에서는 재정자금 차입비용을 절감할 수 있습니다. 1981년 영국은 물가상승률이 높았는데요, 이때 물가지수연계채권을 발행하여 연평균 6.5%의 비용 절감을 이루었다고 합니다. 또한 지급 시기의 물가상승이 처음에 생각한 것보다 낮은 경우 그 차익만큼 추가 이익이 발생해서 재정수지 안정화에도 기여합니다. 반대로 지급 시기에 물가상승이 처음에 생각한 것보다 높은 경우 그 차익만큼 추가 손실이 발생할 수 있으나 이를 피하기 위해 정부당국에서는 물가상승에 대해서 보다 적극적으로 대응할 것으로 예상할 수 있습니다.

통화정책 수립에도 용이합니다. 물가지수연계채권으로 인해 기대 인플레이션율을 상시적으로 파악할 수 있어 중앙은행의 통화정책 수립이 쉬워집니다.

또한 장기 금융시장의 발달을 촉진한다는 장점이 있습니다. 투자자들에게 장기채권에 대한 투자수단을 제공하기 때문입니다. 실물자산에 대한 투자가 금융자산으로 이동하게 되므로 국가 경제 측면에서의 장기 금융시장 활성화가 이루어집니다.

변동금리채와 정반대의 채권도 있습니다. 역변동금리채입니다. 변동금리채와 같이 이자가 변하는 것은 같은데 그 방향이 반대 방향입니다. 즉 역변동금리채 이자의 경우에는 '물가상승률÷기준금리', 이런 식으로 표현됩니다. 역변동금리채는 왜 발행할까요? 변동금리채를 발행한 곳에서 금리가 많이 올라가면 금리 위험이 있으니 이를 헤지하기 위해서 발행한답니다.

발행가액

채권을 발행할 때 액면가 그대로 발행하는지, 아니면 액면가보다 낮게 발행하는지, 혹은 액면가보다 높게 발행하는지에 따라 액면발행, 할인발행, 할증발행 등으로 구분하기도 합니다.

액면발행은 액면가 그대로 발행하는 것입니다. 할인발행은 액면가보다 낮은 가격에 발행하는 것입니다. 할증발행은 액면가보다 높은 가격에 발행하는 것입니다.

할인 발행한 경우에는 시간이 경과함에 따라 액면가에 근접하며 가격이 상승하고, 할증 발행한 경우에는 시간이 경과함에 따라 액면가에 근접하며 가격이 하락합니다.

상환 방법과 상환기간

상환 방법

채권의 상환 방법으로는 만기상환이 있고 분할상환이 있습니다.

만기상환은 약속된 투자 기간 동안 이자는 나누어 받고 원금은 만기에 돌려받는 것입니다. 예를 들어 12개월 만기 상품이라면 매월 이자를 정해진 만큼 받고, 만기가 되었을 때 원금을 한 번에 돌려받는 것이지요. 매월 받는 이자 금액이 동일하기 때문에 관리하기가 편한 특징이 있습니다. 대부분의 채권이 만기상환 방식을 택하고 있답니다.

분할상환은 일정 기간이 지난 후에 액면을 분할해서 상환하는 것입니다. 1999년 이전에 발행했던 서울도시철도채권과 2011년부터 발행된 인천지방채가 있습니다. 또한 상환액과 상환 시기에 따라 정기상환과 임의상환으로 구분합니다.

참고로 분할상환 방식은 원금과 이자의 합계 금액이 매월 일정하게 납부되도록 만든 방식인 원리금균등분할상환, 매월 일정한 원금을 상환하고 이자는 매월 원금 상환으로 줄어든 대출 잔액에 대해 납부하는 방식인 체감식 분할상환, 상환금액이 증가하는 방식으로 초기 상환금액은 적고 회차가 지날수록 상환금액을 늘려나가는 방식인 체증식 분할상환이 있습니다. 개인들이 은행에서 돈을 빌릴 때는 주로 원리금균등분할상환 방식을 사용하고 위에서 말한 인천지방채의 경우는 체감식 분할상환 방식입니다.

아, 수시상환이라고 할 수 있는 상품도 있습니다. 환매조건부채권(RP)이라고 하는 것인데요, 환매조건부채권은 말 그대로 '우리가 파는 채권은 우리가 다시 환매해 줄 테니 안심하고 사세요' 하는 채권입니다. 내가 돈을 내고 환매조건부채권을 사서 가지고 있으면 그 기간 동안 이자를 받게 됩니다. 그리고 처음에 약속한 기간이 지나면 언제든지 돈을 돌려달라고, 즉 채권을 사달라고 요구할 수 있습니다. 그러면 증권사에서는 채권을 사고 돈을 돌려줍니다. 환매조건부채권은 투자자들이 주로 단기자금을 운용하기 위해 많이 가입하는 금융상품인데요, 그 속을 들여다보면 채권의 상환과 연계되어 있습니다.

상환기간

채권은 상환기간에 따라 단기채와 중기채, 장기채로 구분합니다. 말 그대로 짧은 기간을 단기채, 중간 기간을 중기채, 긴 기간을 장기채라고 하는데요, 시장 관행에 따라 달라질 수가 있습니다.

저는 증권회사에서 29년을 있었는데요, 그중에서 교보증권이라고 하는 곳에서만 23년을 있었습니다. 교보증권의 주주사가 교보생명이라서 1년에 2~3번씩 경영전략 등을 보고하러 간 적이 있었는데요, 이야기를 하다 보니 이상하게 서로 꼬이는 부분이 있더라고요. 증권회사는 굉장히 빨리 움직이는 곳이고 보험회사는 굉장히 느리게 움직이는 곳이잖아요? 그래서 증권사에서 경영전략을 짤 때 단기는 3개월, 중기는 6개월, 장기는 1년으로 해서 말하는데 보험사에서는 단기라고 하면 1년, 중기라고 하면 5년, 장기라고 하면 10년을 생각하더라고요. 그러니 증권회사에서 장기 전략이라고 말하면 보험회사에서는 잘 이해를 못 하는 것이었죠. 나중에서야 그 차이를 알고 그다음부터는 아예 숫자로 표현했던 기억이 납니다.

우리나라의 채권시장 구분도 이와 비슷합니다. 얼마 이하를 단기라 하고 얼마 이상을 장기라 한다는 규정이나 법 없이 그냥 관행적으로 사용하고 있습니다. 그래서 우리나라에서는 단기채는 1년 이하의 채권, 중기채는 1년 이상 5년 이하의 채권, 장기채는 5년 이상의 채권으로 구분합니다. 그러나 유럽과 미국에서는 10년 이상을 장기채로 분류하고 우리나라에서도 기간이 길어지는 경향이 있습니다.

옵션 여부

콜옵션부 채권

옵션은 무언가를 할 수 있는 권리를 말합니다. 콜옵션이라고 하면 살 수 있는 권리를 말하고 풋옵션이라고 하면 팔 수 있는 권리를 말합니다. 의무가 아니고 권리이기 때문에 본인에게 유리하면 하고 본인에게 불리하면 하지 않습니다.

콜옵션부 채권은 채권인데 만기가 되기 전에 발행한 측에서 살 수 있는 권리가 부여된 채권을 말합니다. 일반적인 채권은 만기가 정해져 있고 만기가 되면 자연스럽게 원리금 상환이 이루어지면서 채권이 소멸되는 그런 과정을 거치는데요, 콜옵션부 채권은 발행한 측에서 본인에게 유리할 때, 예를 들어 금리가 하락했을 때 행사합니다.

예를 들어서 A 기업이 5%에 콜옵션부 채권을 발행했습니다. 중간에 금리가 3%까지 하락합니다. 이럴 때 A 기업은 5% 이자를 주던 채권을 상환하고 새로 3% 이자를 주는 채권으로 발행합니다. 이렇게 함으로써 A 기업은 2%라는 이자를 아낄 수 있게 된 것이지요. 반면 채권에 투자한 사람은 5% 이자를 잘 받고 있다가 이제 받지 못하고 3% 이자로 재투자해야 하는 입장이니 난감한 처지에 놓이게 됩니다. 소위, 재투자위험에 빠지게 된 것이지요. 그래서 콜옵션부 채권의 가치는 일반 채권에서 콜옵션을 빼준 것으로 계산합니다.

만일 A 기업이 5%에 콜옵션부 채권을 발행했는데 중간에 금리가 8%로 올라갔다면 굳이 상환하지 않고 그냥 끝까지 가져갑니다. 권리를 행사하게 되면 지금까지 5% 이자를 주고 있다가 8% 이자를 주고 새로 채권을 발행해야 하니 3%만큼 손실이 발생하잖아요. 본인에게 유리할 땐 행사하고 본인에게 불리할 땐 행사하지 않는다. 이것이 옵션부 채권의 핵심입니다!

풋옵션부 채권

이와 반대되는 것으로 풋옵션부 채권이라고 하는 것이 있습니다. 콜옵션부 채권은 발행한 측에서 행사하는 것이지만 풋옵션부 채권은 투자한 측에서 행사하는 것입니다. 채권에 투자한 측에서 만기가 되기 전에 돈을 갚아달라고 채권을 발행한 측에 요구하는 것이지요.

A 기업이 5%의 풋옵션부 채권을 발행했다고 가정합시다. 중간에 금리가 2%까지 하락하면 투자자는 이 권리를 절대 행사하지 않습니다. 지금까지 5% 이자를 잘 받고 있는데 굳이 2% 이자를 받을 필요가 없잖아요. 하지만 중간에 금리가 8%까지 상승한다면 투자자는 이 권리를 행사합니다. 당연하겠죠. 권리를 행사함으로써 5% 이자가 8% 이자로 상승하고 3%의 추가 이익은 누릴 수 있으니까요. 그래서 풋옵션부 채권의 가치는 일반 채권에서 풋옵션을 더한 것으로 계산합니다.

정리하자면 콜옵션부 채권은 채권을 발행한 측에 유리한 채권이고 풋옵션부 채권은 채권을 매수한 측에서 유리한 채권이 되겠습니다.

Chapter 3

이자의 이해

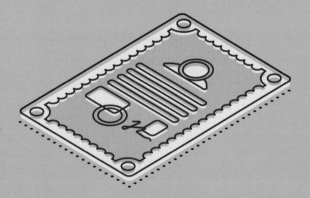

01 이자

이자는 돈을 빌려주는 대가로 받는 것입니다. 물론 친한 친구 사이에 짧은 기간에 적은 금액을 빌리면 이자를 받지 않지요. 제 친구인 영삼이가 오늘 지갑을 가지고 나오지 않았다며 내일 갚을 테니 1만 원을 빌려달라고 했습니다. 그리고 다음 날 돈을 갚았습니다. 이 경우 시중 이자율이 5%라고 가정하면 1만원×5%×$\frac{1}{365}$=1.37원의 이자를 받아야 합니다. 하지만 친한 친구 사이이기도 하고, 기간도 하루에 불과하고, 금액도 적은 관계로 그냥 원금 1만 원만 받았습니다.

하지만 이것은 개인 간의 이야기입니다. 이런 경우를 제외하고는 돈이 존재하는 곳에 항상 이자가 존재합니다. 돈의 시간적 가치가 바로 이자이기 때문입니다.

이자는 거래 상대방에 따라 달라집니다. 기업체를 운영하는 삼성이는 매우 성실해서 약속을 반드시 지키는 사람입니다. 그래서 삼성이한테 돈을 빌려줄 때는 이자를 조금만 받고 빌려줍니다. 또 다른 기업체를 운영하는 오성이는 성실하기는 하지만 가끔씩 약속을 안 지키는 사람입니다. 그래서 오성이한테 돈을 빌려줄 때는 이자를 많이 받고 빌려줍니다. 혹시라도 떼일 우려가 있기 때문이지요. 또 다른 기업체를 운영하는 칠성이는 늘 돈에 쪼들려 이곳저곳에 돈을 빌립니다. 그래서 칠성이한테는 아무리 이자를 높게 준다고 해도 돈을 빌려주지 않습니다.

신용등급

이렇게 구분되는 것이 바로 신용등급입니다. 신용등급은 단기등급과 장기등급으로 구분합니다. 단기등급은 A1에서 D까지 6개의 등급으로 구성됩니다.

A1 : 적기 상환능력이 최고 수준이며, 현 단계에서 합리적으로 예측 가능한 장래의 어떠한 환경 변화에도 영향을 받지 않을 만큼 안정적임.

A2 : 적기 상환능력이 우수하지만 A1등급에 비해 다소 열등한 요소가 있음.

A3 : 적기 상환능력이 양호하지만 장래 급격한 환경 변화에 따라 다소 영향을 받을 가능성이 있음.

B : 적기 상환능력은 인정되지만 투기적 요소가 내재되어 있음.

C : 적기 상환능력이 의문시됨.

D : 지급불능 상태에 있음.

* 위 등급 중 A2등급부터 B등급까지는 등급 내의 상대적인 우열에 따라 +,- 기호가 첨부됩니다.

장기등급은 AAA에서 D까지 10개의 등급으로 구성됩니다.

AAA : 원리금 지급 확실성이 최고 수준이며, 현 단계에서 합리적으로 예측 가능한 장래의 어떠한 환경 변화에도 영향을 받지 않을 만큼 안정적임.

AA : 원리금 지급 확실성이 매우 높지만 AAA등급에 비해 다소 열등한 요소가 있음.

A : 원리금 지급 확실성이 높지만 장래 급격한 환경 변화에 따라 다소 영향을 받을 가능성이 있음.

BBB : 원리금 지급 확실성은 인정되지만 장래 환경 변화로 전반적인 채무 상환능력이 저하될 가능성이 있음.

BB : 원리금 지급 확실성에 당면 문제는 없지만 장래의 안정성 면에서는 투기적 요소가 내포되어 있음.

B : 원리금 지급 확실성이 부족하여 투기적이며, 장래의 안정성에 대해서는 현 단계에서 단언할 수 없음.

CCC : 채무불이행이 발생할 가능성을 내포하고 있어 매우 투기적임.

CC : 채무불이행이 발생할 가능성이 높아 상위 등급에 비해 불안 요소가 더욱 많음.

C : 채무불이행이 발생할 가능성이 극히 높고 현 단계에서는 장래 회복될 가능성이 없을 것으로 판단됨.

D : 원금 또는 이자가 지급불능 상태에 있음.

* 위 등급 중 AA등급부터 CCC등급까지는 등급 내의 상대적인 우열에 따라 +,- 기호가 첨부됩니다.

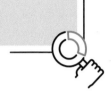

먼저 현재가치와 미래가치에 대해서 설명드리겠습니다.

이번에 제가 새로운 노트북을 하나 구입했습니다. 노트북의 가격은 2백만 원입니다. 구입 조건은 돈을 1년 뒤에 지급하는 것입니다. 현재 이자율은 6%입니다. 그럼 제가 얼마를 은행에 예금해야 할까요? 세금은 없다고 가정합니다.

얼마를 은행에 예금해야 1년 뒤에 200만 원이 되느냐 하는 문제입니다.

여기서 우리가 초등학교 5학년 때 배웠던 방정식을 떠올려봅시다. 지금 x 원을 은행에 6%의 이자로 넣어 놓으면 1년 뒤에 200만 원이 됩니다. 즉, χ 원×(1+0.06)=200만 원이라고 하는 방정식을 만들 수 있습니다. χ를 중심으로 이항하면 $\chi=\dfrac{200만\ 원}{(1+0.06)}=1,886,792$원이 됩니다.

1,886,792원을 지금 은행에 넣어 놓으면 1년 뒤 2,000,000원이 되는 것이죠.

이때 1,886,792를 현재가치라고 하고 2,000,000을 미래가치라고 합니다.

즉, 현재가치에 수익률을 곱하면 미래가치가 되고, 미래가치를 수익률로 나누면 현재가치가 됩니다. 현재가치와 미래가치는 똑같은 가치이지만 그 사이에는 시간이라고 하는 변수가 존재합니다.

그래서 이자율은 화폐의 현재가치와 미래가치의 교환비율이라고 표현합니다.

여기서 아주 간단한 수식을 하나 만들어보겠습니다.

먼저 미래가치를 FV(Future Value)라고 하고 현재가치를 PV(Present Value)라고 하겠습니다. 그리고 이자율은 r이라고 하겠습니다. 그러면 아래와 같은 식이 성립합니다.

$$FV=PV×(1+r)$$

이 식은 실생활에서 굉장히 많이 사용됩니다. 내가 현재 1천만 원을 5%의 이자로 은행에 넣어 놓았다면 1년 뒤 미래에는 1천만 원×(1+0.05)=10,500,000원이 됩니다. 만일 3%의 이자로 넣어 놓았다면 10,300,000원이 됩니다.

만기를 1년으로 하지 않고 2년으로 했다고 가정해 봅니다. 이때의 수식은 FV=PV×(1+r)×(1+r)이 됩니다. 즉 5%의 이자로 넣어 놓은 경우 1천만 원×(1+0.05)×(1+0.05)=11,025,000원이 됩니다.

3년인 경우는 어떻게 될까요? 이때의 미래가치 FV=PV×(1+r)×(1+r)×(1+r)이 됩니다. 이자율이 5%라면 미래가치 FV=1천만 원×(1+0.05)×(1+0.05)×(1+0.05)=11,576,250원이 됩니다. 이를 통해서 미래가치 $FV=PV \times (1+r)^n$이라는 식을 도출할 수 있습니다. 여기서 n은 1년 차에는 1, 2년 차에는 2, 3년 차에는 3이라는 숫자를 의미합니다.

$FV=PV \times (1+r)^n$ 라는 식을 현재가치 PV를 중심으로 이항해 보겠습니다. 그럼 $PV=\dfrac{FV}{(1+r)^n}$이라는 식이 나옵니다. 여기서 알 수 있는 것은 현재가치에 수익률을 적용하면 미래가치가 나오고, 미래가치에 할인율을 적용하면 현재가치가 나온다는 것입니다.

명목이자율 vs 실질이자율

이자율은 명목이자율과 실질이자율로 구분할 수 있습니다. 명목이자율은 일반적으로 우리가 사용하고 이야기하는 이자율입니다. 말 그대로 겉으로 내세우는 이자율입니다. 은행에서 제시하는 이자율은 모두 명목이자율입니다. 은행에서 5% 이자를 준다고 하면 명목이자율은 5%가 됩니다. 은행에서 주택담보대출로 6%를 받는다면 명목이자율은 6%입니다. 이렇듯 명목이자율은 우리의 눈에 보이는 이자율이고 우리의 눈에 익숙한 이자율입니다.

얼마 전 회사 근처를 걷다가 신협 건물을 지날 때였습니다. 창문에 '특별금리 적용 1년 정기예금 5.9%'라고 적혀있더군요. 이 이자율도 역시 명목이자율입니다.

이에 반해 실질이자율은 물가상승률을 고려한 이자율입니다. 물가상승률을 반영하여 이자의 실질적인 가치를 나타내는 이자율입니다. 명목이자율이 높아도 물가상승률이 같이 높으면 실질적인 가치를 나타내는 실질이자율은 낮게 나타납니다. 실질이자율이 왜 중요한가 하면 구매력과 관계있어서 그렇습니다.

지금 105만 원짜리 물건을 사고 싶은데 돈이 100만 원밖에 없습니다. 그래서 100만 원을 이자율 5%의 정기예금에 가입해서 1년 뒤 105만 원을 받았다고 가정해 봅시다. 그래서 이 돈으로 물건을 사려고 했더니 물가상승률이 7%가 되어 물건값이 1,050,000원이 아니라 1,050,000원×1.07=1,123,500원이 되어버린 거예요. 결국 이 사람은 가지고 있는 돈은 늘었지만, 물가상승률로 인해서 구매력은 오히려 줄어들게 된 것이죠.

2009년부터 2011년까지 재미난 일이 있었습니다. 2009년의 정기예금 이자율이 3.2%였습니다. 세금을 제하고 나면 2.7%의 이자율이 되었죠. 그런데 이 해의 물가상승률은 2.8%였어요. 실질이자율은 -0.1%가 되어버렸죠. 2010년의 정기예금 이자율 역시 3.2%였고 세후는 2.7%였는데 그해 물가상승률은 3.0%라서 실질이자율은 -0.3%를 나타내었습니다. 2011년에는 실질이자율이 가장 최악이었는데요, 이 해의 정기예금 이자율은 3.7%, 세후 이자율은 3.1%, 그리고 물가상승률은 4.0%였어요. 실질이자율은 -0.9%를 기록한 것이죠.

2010년 우리나라가 3.2%의 명목이자율을 보일 때 이웃나라 일본의 명목이자율은 0.002%였습니다. 단순히 명목이자율만 놓고 비교하면 3.2%:0.002%로서 비교 자체가 되지 않습니다. 많은 한국 사람은 "일본 사람들 불쌍하다. 어떻게 이자가 0.002%밖에 되지 않냐?" 하고 생각했을 것입니다. 하지만 일본의 이 당시 물가상승률은 0%였습니다. 실질이자율을 비교하면 우리나라는 -0.3%, 일본은 0.002%로 오히려 일본이 우리보다 앞선 것을 알 수 있습니다. 일본 사람들이 불쌍하다고 생각한 우리 한국 사람들이 불쌍한 것이지요.

실질이자율 계산

실질이자율은 아래와 같이 계산합니다.

실질이자율 $= \dfrac{(1+명목이자율)}{(1+물가상승률)} - 1$ 로 계산합니다. 예를 들어서 명목이자율이 5%이고 물가상승률이 3%라면 실질이자율은

$$\frac{(1+0.05)}{(1+0.03)} - 1 = \frac{1.05}{1.03} - 1 = 0.0194,$$ 즉 1.94%가 됩니다. 만일 물가

상승률이 명목이자율보다 높은 7%라고 하면 어떻게 될까요? 이

경우의 실질이자율은 $\frac{(1+0.05)}{(1+0.07)} - 1 = -0.0187,$ 즉 -1.87%입니다.

(-)가 나타난다는 것은 실제로 본인의 자산가치가 줄었다는 것을

의미합니다.

실질이자율을 이렇게 분수로 계산하니 계산기가 필요합니다.

그래서 계산기 없이 간단하게 계산할 수 있도록 '실질이자율≒명

목이자율−물가상승률'의 간이식으로 나타냅니다.

위의 예와 비교해볼까요? 명목이자율이 5%, 물가상승률이 3%

인 경우 분수로 계산한 식에 의하면 실질이자율이 1.94%였고 간

이식으로 계산한 실질이자율은 2%입니다. 큰 차이가 나지 않지

요? 두 번째 예에서 명목이자율이 5%, 물가상승률이 7%인 경우

분수로 계산한 식은 -1.87%였고 간이식으로 계산한 실질이자율

은 -2%입니다. 두 경우 모두 큰 차이가 나지 않습니다. 그래서 실

질이자율은 명목이자율에서 물가상승률을 뺀 수치로 해도 하자가

없겠습니다.

다음 표에는 연도별로 명목이자율과 물가상승률이 나타나 있

습니다. 이를 토대로 실질이자율을 계산해 보시기를 바랍니다.

연도	명목이자율(%)	물가상승률(%)	실질이자율(%)
2012	3.48	2.2	
2013	2.81	1.3	
2014	2.45	1.3	
2015	1.78	0.7	
2016	1.54	1.0	
2017	1.65	1.9	
2018	1.99	1.5	
2019	1.76	0.4	
2020	1.07	0.5	
2021	1.28	2.5	

수익률과 할인율

수익률

수익률은 지금 내가 투자하는 금액을 기준으로 미래에 받을 수 있는 이익금을 비율로 표시한 것입니다. 내가 지금 100만 원을 투자하여 1년 뒤에 5만 원의 이익금을 받았다면 나의 수익률은 5%가 됩니다.

그래서 수익률은 $\dfrac{\text{이익금}}{\text{투자금액}} \times 100$으로 계산합니다.

위의 경우를 조금 더 확대해 보겠습니다. 내가 지금 100만 원을 투자하여 매 분기 1만 원을 받고 1년 뒤에 5만 원을 받았다고 가정해 보겠습니다. 이 경우의 이윤은 매 분기 1만 원씩 그러니까

4분기 동안 4만 원을 받았고 1년 뒤에 다시 5만 원을 받았으니 총 9만 원이 됩니다. 따라서 수익률은 9%가 됩니다. 그리고 이 경우의 수익률은 $\dfrac{\text{보유기간 중 받은 총금액}}{\text{투자금액}} \times 100$으로 계산됩니다.

기간수익률은 어느 특정한 기간 동안 발생한 이익금을 다 더해서 나타낸 수익률입니다. 1주일 동안 돈을 빌려주고 이익금을 받은 경우도 있을 것이고 한 달 동안 돈을 빌려주고 받은 이익금도 있을 것이고, 아니면 100일 동안 돈을 빌려주고 받은 이익금도 있을 것입니다. 그렇다 보니 기간수익률로는 높은 수익을 거두었는지 아니면 낮은 수익률을 얻었는지 알 방법이 없습니다. 기간수익률이 5%라고 하면 한 달이 기준일 때는 높은 수익률이지만 3년이 기준일 때는 낮은 수익률이 되기 때문입니다. 그래서 비교의 대상을 명확히 하기 위해 연환산 수익률이라고 하는 것을 사용합니다. 연환산 수익률은 이익금을 1년 단위 실효수익률로 환산한 수익률입니다.

한 번 계산해 볼까요? 원금이 100만 원, 이자는 10만 원, 기간은 6개월인 경우 기간수익률과 연환산 수익률을 계산해 봅니다. 기간수익률은 $\dfrac{10}{100} \times 100 = 10\%$입니다. 그리고 연환산 수익률은 $10\% \times 2 = 20\%$가 됩니다. 이런 경우는 어떨까요? 원금이 100만 원, 이자는 10만 원, 기간은 2년인 경우입니다. 이 경우 기간수익률은 10%로 변동이 없지만 연환산 수익률은 $\frac{10\%}{2}$=5%가 됩니다.

할인율

할인율은 미래에 지급되는 금액을 기준으로 지금 현재의 가치를 따질 때 사용합니다.

앞에서 제가 노트북 이야기를 했는데요, 200만 원의 노트북을 구입하기 위해서 1,886,792원을 예금해야 한다고 했습니다. 이때 200만 원이라고 하는 미래가치를 현재가치로 할인하면 1,886,792원이 된다고 표현할 수 있습니다. 그리고 이때의 이자율 6%는 바로 할인율이 되는 것입니다.

앞에서 이자율에 대한 설명을 하면서 PV=$\frac{FV}{(1+r)^n}$ 라는 식을 말씀드렸습니다. 이 식에서 확인할 수 있듯이 할인율과 현재가치는 서로 반비례의 관계에 있습니다. 할인율이 높아지면 현재가치가 낮아지고 할인율이 낮아지면 현재가치는 높아집니다.

할인율을 이용한 의사결정을 한 가지 예로 들어보겠습니다.

빌딩 신축 프로젝트의 가치평가입니다. 현재 빌딩 신축 비용은 350억이며 1년 후 매도가격은 400억입니다. 할인율은 7%입니다.

이 경우 빌딩의 현재가치는 $\dfrac{400억}{(1+0.07)}$=373.8억입니다. 신축 비용은 350억이므로 현재가치 373.8억에 비하면 23.8억의 이윤을 기대할 수 있습니다. 그래서 이 프로젝트는 진행하는 것으로 결정합니다.

단리와 복리

이자의 계산 방법으로는 단리와 복리가 있습니다. 단리와 복리의 개념을 저는 중학교 1학년 수학 시간에 배운 것 같습니다. 단리는 일정 기간이 지나는 동안 원금에 대해서만 일정 비율만큼 수익이 더해지는 방식이고 복리는 일정 기간 경과하며 발생한 이자가 원금과 함께 재투자되어 추가적인 수익이 창출되는 방식입니다.

예를 한 번 들어보겠습니다. 1만 원을 5%의 단리와 5%의 복리로 예금하는 경우입니다. 단리의 경우는 매년 500원씩 이자가 붙습니다. 그래서 1년 뒤에는 10,500원, 2년 뒤에는 11,000원, 3년 뒤에는 11,500원. 이런 식으로 계속 흘러갑니다. 하지만 복리의 경우는 다릅니다. 첫해에는 똑같이 10,500원입니다. 하지만 다음 해에는 11,000원이 아닌 11,025원이 됩니다. 이자 500원에 대해서 또 이자가 붙기 때문입니다. 그래서 39년이 지나면 단리의 경우는 25,000원에 불과하지만, 복리의 경우는 43,219원이 됩니다. 시간이 지날수록 점점 그 격차는 더 커지는 것이지요.

기간(년)	단리(5%)	복리(5%)
1	10,500	10,500
2	11,000	11,025
3	11,500	11,576
4	12,000	12,155
5	12,500	12,763
6	13,000	13,401
7	13,500	14,071
8	14,000	14,775
9	14,500	15,513
10	15,000	16,289
15	17,500	20,789
20	20,000	26,533
25	22,500	33,864
30	25,000	43,219

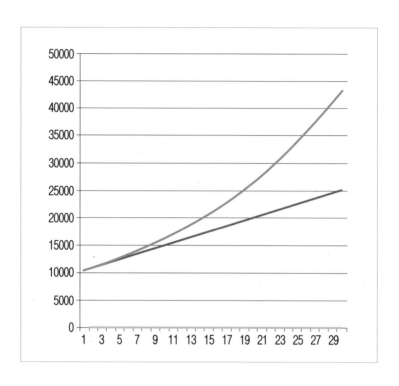

단리와 복리의 계산식을 한 번 만들어 봅시다.

원리금(원금과 이자를 합친 돈) 합계를 S라고 하고 A는 원금, r은
이자, n은 기간이라고 하겠습니다.

단리의 경우는 S=A×(1+r×n)으로 표현됩니다. 간단하죠. 위의
예에서 30년 후 단리로 했을 때의 S는 10,000×(1+0.05×30)으로
계산됩니다. 10,000×(2.5)가 되어 25,000이 나옵니다.

복리의 경우는 $S=A\times(1+r)^n$으로 표현됩니다. 이자에 또 이자가 붙는 것이라 이렇게 승수로 표현됩니다. 위의 예에서 30년 후 복리로 했을 때의 S는 $10,000\times(1+0.05)^{30}$으로 계산됩니다. $10,000\times$ (4.3219)가 되어 43,219가 나옵니다.

피터 린치의 생각

투자의 귀재 피터 린치는 1989년에 다음과 같이 이야기했습니다.

"미국 뉴욕시에 있는 맨하탄을 단돈 24달러에 백인에게 팔아넘긴 인디언이 오늘날 맨하탄의 모습을 보면 땅을 치며 후회할 것이다. 그러나 복리의 개념을 도입하면 이야기는 달라진다. 그가 24달러를 연 8%의 이자율로 복리계산 하는 예금에 가입했더라면 1626년의 24달러가 1989년에 현재가치로 30조 달러가 된다. 1989년 현재와 같이 놀랍게 개발되어 있는 맨하탄의 전체 땅값은 600억 달러로 30조 달러의 0.2%에 불과하다."

이 이야기는 복리의 위대함을 설명하는 대표적인 것으로 인구에 회자되고 있습니다.

복리 수익률과 관련된 72법칙

복리는 승수로 표현되기 때문에 계산기가 없으면 계산이 힘듭니다. 손으로 푸는 것도 가능하겠지만 시간이 많이 걸리겠지요. 그래서 간단하고 직관적으로 사용할 수 있는 72법칙이라고 하는 것을 활용하면 좋습니다.

가장 먼저 활용하는 방법으로는 투자 금액을 얼마 만에 2배로 불릴 수 있을 것인지 계산할 때 사용합니다. 72를 수익률로 나누면 투자 금액을 2배로 불릴 수 있는 기간이 나옵니다. 10%의 수익률로 운용할 경우에는 72/10%=7.2년이 걸립니다. 20%의 수익률로 운용할 경우에는 72/20%=3.6년이 걸립니다. 5%의 수익률로 운용할 경우 72/5%=14.4년이 걸립니다.

투자 금액을 2배로 만들기 위해 필요한 수익률을 계산할 때도 유용합니다. 5년 후 투자 금액을 2배로 만들려면 72/5년=14.4%로 운용해야 하고 3년 후 투자 금액을 2배로 만들려면 72/3년=24%로 운용해야 합니다.

물가상승률에 따른 돈의 가치를 계산할 때도 유용합니다. 물가상승률이 4%라고 가정하면 72/4=18년이 지나면 돈의 가치는 현재보다 절반으로 줄어든다는 것을 알 수 있습니다.

Chapter 4

금리의 이해

BONDS

우리나라 금리 변천사

금리에 대한 이야기를 하면서 먼저 흥미로운 이야기부터 시작하기로 하겠습니다. 해방 이후 우리나라의 금리가 어떻게 변화되었는지 하는 이야기입니다.

해방 직후의 금리정책을 보면 재미있는 것을 발견할 수 있습니다. 은행 금리와 사채 금리의 차가 굉장히 컸다는 것입니다. 원인은 정부의 저금리정책 때문이었습니다. 은행에서 돈을 빌리는 대출금리는 싼 반면 실질금리는 대출금리에 비해 월등히 높았습니다. 이렇게 되자 은행에서 돈을 빌리는 것이 대단한 특혜가 되었으며 은행에서 대출을 받지 못하는 영세기업이나 상인들은 사채시장에서 높은 금리로 돈을 빌려야만 했습니다. 또한 돈을 가진 사람들도 은행에 돈을 맡기지 않고 사채로 운용하면서 금융시장이 제도권 시장과 사채시장으로 양분되어 있었습니다.

금리가 왜곡되게 편성되면서 금융시장은 기형적인 모습을 띠게 되었습니다. 결국 1965년 금리현실화 조치가 단행되어 금리 수준을 현실적인 수준으로 인상 조정하였습니다. 이 조치로 예금의 최고금리는 15%에서 30%로, 대출 최고금리는 16%에서 26%로 인상되었습니다. 여수신 금리 차이로 역마진이라는 비정상적인 금리체계가 형성되긴 하였으나 은행예금의 증가, 그중에서도 장기 저축성예금의 상당한 증가를 가져왔습니다.

1970년대는 사채를 동결한 8.3조치라는, 자본주의 체제에서는 보기 힘든 초강수 정책이 나온 때였습니다. 당시의 1년 정기예금 이자는 많게는 22.8%, 적게는 12%를 기록하였습니다.

1988년 12월에는 금융자율화의 핵심이라고 할 수 있는 금리자유화가 실시됩니다. 그 전까지는 정부에서 금리를 지정하여 각 은행에 하달하던 방식이었습니다. 그래서 모든 은행의 금리가 똑같았습니다. 이것이 시장의 효율성에 악영향을 미치면서 금리자율화가 이루어졌습니다. 이 조치로 인해서 은행의 대출금리가 자유화되었으며 수신금리는 일부 장기 수신금리에 한하여 자유화가 이루어졌습니다. 또한 금전신탁, CMA, BMF 등의 실적배당 금융상품의 금리도 자유화되었습니다.

외환위기 직후에는 30%까지 가는 고금리가 나타나기도 하였으나 이후 급격하게 하락하여 1998년 가을에는 10% 이하로 떨어지게 됩니다.

저금리의 등장

2000년대 이후부터는 저금리가 정착되는 시기입니다. 시중에 돈이 풍부해지면서 그만큼 돈의 가치가 줄어들었습니다. 저금리 시대가 도래한 이유는 기업들의 투자가 저하되면서 신규 수요가 줄어들었기 때문입니다. 혹독한 외환위기를 겪으면서 기업들은 재무 건전성에 눈을 돌리게 되었습니다. 부채를 줄이고 돈을 갚다 보니 은행에는 돈이 넘치게 되었습니다. 하지만 은행들은 마땅히 돈 굴릴 곳을 찾지 못했고 금리는 하락할 수밖에 없었습니다. 은행은 기업 대출 부진을 개인에게서 돌파구를 찾으려 했고 그 방안의 하나로 주택담보대출이라는 상품을 내놓게 됩니다. 은행뿐만 아니라 보험사까지도 경쟁에 가담하여 기존에 고금리로 가지고 있던

주택담보대출을 낮은 금리로 바꾸어주기도 했고 집을 새로이 사려는 사람에게 경쟁적으로 낮은 금리를 제공하였습니다. 금융기관들 간의 경쟁이 치열해지면서 금리도 더 낮아졌습니다.

2021년까지 이어진 저금리는 2022년에 접어들어 금융시장이 불안해지면서 상승합니다. 일시적인 것으로 보는 시각이 많습니다만 주의 깊게 지켜보아야 할 것 같습니다.

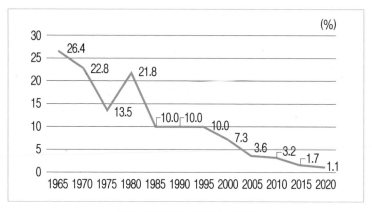

우리나라 예금금리(1965~2020)

표면금리와 실효금리

금리는 돈값입니다. 돈의 값어치가 올라가면 금리가 올라가고 돈의 값어치가 떨어지면 금리도 떨어집니다. 해방 이후 외환위기 직후까지는 전반적으로 돈이 귀하고 부족한 시대였고 그래서 돈의 값어치도 높았습니다. 당연히 금리도 높았습니다. 이후 시중에 유동성이 풍부해지자 자연스럽게 금리는 낮아졌습니다.

금리는 표면금리와 실효금리로 구분합니다. 표면금리는 말 그대로 채권의 표면에 적힌 금리를 말합니다. 단순히 겉으로 표기되어 드러난 금리입니다. 여기에 반해서 실효금리는 실제 정확한 기준으로 평가되는 금리입니다.

예를 한 번 들어볼까요?

1억 원을 투자하면 매년 10%인 1천만 원의 이자가 나와 10년 후 만기에 원금 1억 원, 이자 1억 원, 합계 2억 원의 원리금이 나오는 예금이 있다고 가정해 보겠습니다. 얼핏 생각하면 이 예금의 금리는 10%인 것 같습니다. 하지만 실효금리를 따지면 그렇지 않습니다. 실효금리는 이렇게 표현됩니다.

원금×(1+실효금리)^{연수}=원리금입니다. 위 식에서 원금은 1억이고 기간은 10년, 원리금은 2억이니까 이 식은 1억×(1+실효금리)^{10}=2억으로 표현할 수 있습니다. 이해를 돕기 위해서 풀이 과정을 조금 남겨볼까요? 요즘엔 공학용 계산기나 엑셀 등으로 쉽게 구할 수 있지만 그래도 수식을 통해서 이런 숫자가 나온다는 것을 한 번 정도는 보면 좋잖아요?

먼저 1억×(1+실효금리)^{10}=2억에서 1억을 이항하면 (1+실효금리)^{10}=2억÷1억=2가 됩니다. 여기서 log를 대입하면 log(1+실효금리)^{10}=log2가 됩니다. log2는 0.301입니다. 그럼 log(1+실효금리)^{10}=0.301이 됩니다. 좌측 항의 승수 10은 아래로 내릴 수 있습니다. 그럼 좌측 항은 10×log(1+실효금리)로 바꿀 수 있고 다시 10을

우측 항으로 이항하면 log(1+실효금리)=0.301÷10=0.0301이 됩니다. 결국 (1+실효금리)는 $10^{0.0301}$이 되고 이는 1.07177입니다. 즉, 1+실효금리=1.07177이 됩니다. 그래서 실효금리는 0.07177, 즉 7.2%가 됩니다.

실효금리가 어떻게 도출되었는지를 장황하게 설명드렸는데요, 우리가 고등학교 때 배운 '지수와 로그'가 이렇게 실생활에 적용된다는 것을 보여주기 위해서 일부러 수식 설명을 드렸습니다. 사실, 간단하게 하려면 굳이 로그를 사용하지 않고 보간법을 적용해서 적당한 숫자를 입력해 보고 숫자가 크게 나오면 작은 숫자를, 숫자가 작게 나오면 큰 숫자를 대입함으로써 알아낼 수도 있습니다.

아무튼 위의 예금 금리는 얼핏 보면 10%로 보이지만 자세히 보면 7.2%로 보이듯이 금리에 대한 착시효과는 제대로 파악할 줄 알아야 합니다.

bp(basis point, 1%=100bp)

아, 한 가지 알아두어야 할 용어가 있습니다. bp라고 하는 용어입니다. bp는 basis point의 약자인데요, 1%를 100bp라고 표현합니다. 금리 이야기를 할 때 0.02%가 올랐다, 0.03%가 내렸다 하면 소수점 아래 숫자가 아무래도 불편하잖아요. 그래서 0.02%가 올랐다는 2bp 올랐다, 0.03%가 내렸다는 3bp가 내렸다, 이런 식으로 표현한답니다. 금리와 관련된 bp라고 하는 용어는 자주 등장하기 때문에 미리 알고 계시는 것이 좋을 것 같습니다. 저도 이 책에서 bp라는 용어를 자주 사용할 겁니다.

기준금리

각 나라의 중앙은행에서는 그 나라에서 사용하는 모든 금리의 기준이 될 수 있는 아주 짧은 기간의 금리를 인위적으로 결정합니다. 그것을 기준금리라고 합니다. 우리나라에서는 금융통화위원회에서 기준금리를 조정합니다. 기준금리가 중요한 이유는 기준금리의 변동에 따라 실물경제와 외환시장 등이 큰 영향을 받기 때문입니다.

그래서 기준금리가 변동되는 날은 각 증권사의 채권본부는 초비상입니다. 기준금리의 변동에 따라 시장금리가 변동되고 시장금리가 변동되는 만큼 채권의 평가금이 달라지기 때문입니다. 제가 교보증권에서 채권 운용을 담당하는 본부장으로 근무할 당시 운용 규모는 2조 원 정도였습니다. 기준금리가 25bp 올랐고 시장 금리도 25bp 올랐다고 가정해 보겠습니다. 만기가 전부 1년이라고 가정하면 2조 원×25bp=50억, 하루에 50억의 평가손이 발생하는 것이지요. 그래서 모두들 신경이 날카롭습니다. 그날은 관례적으로 점심을 먹으러 나가지 않습니다. 김밥이나 컵라면, 햄버거로 끼니를 때우지요. 보통 본부의 막내가 그날 먹을 점심 메뉴를 받아 주문하곤 한답니다. 점심을 먹으면서 채권시장의 동향을 체크하고 한국은행 총재의 기자회견을 보면서 행간의 의미를 열심히 체크합니다. 사실은 기준금리 발표보다 한국은행 총재의 기자회견이 더 중요합니다. 일반인들이야 기준금리 발표에 관심이 있겠지만 채권 전문가들은 한국은행 총재의 발언에 더 귀를 기울입니다. 기준금리가 올라가고 내려가는 것보다 더 중요한 것이 한국은행 총재의 기자회견인 셈이지요. 기자회견을 하면서 어떤 뉘앙스로 답변을 하느냐가 관건입니다. 기준금리를 올린 경우에도 더 이상 올리지 않겠다는 뉘앙스가 강하면 오히려 시장금리는 떨어지기도 하고, 반대로 기준금리를 내린 경우에도 더 이상 내리지 않겠다는 뉘앙스가 강하면 오히려 시장금리는 상승하기도 하지요.

2022년 11월 24일 한국은행의 금융통화위원회에서는 기준금리를 3%에서 3.25%로 올렸습니다. 그런데 이날 시장금리는 오히려 20bp 이상 하락했습니다. 기준금리가 상승할 것을 이미 알고 있었던데다 앞으로 추가적인 상승 폭이 제한적이라는 인식이 있었기 때문에 기준금리와 시장금리는 반대로 움직인 것이지요. 추가적인 상승 폭이 제한적이라는 것을 어떻게 알 수 있느냐 하면 한국은행 총재가 기자간담회에서 금통위원이 만장일치로 0.25% 인상에 찬성했다는 발언으로 유추 해석할 수 있습니다. 만일 0.5% 인상을 주장한 금통위원이 있었다면 다음 금통위에서 다시 금리가 인상될 수도 있겠구나 하고 예상할 수 있기 때문이지요.

시장금리는 실제 자금 시장에서 수요와 공급에 따라 결정되는 금리입니다.

2022년 11월 23일 현재 기준금리는 3.0%이지만 국고채 3년물은 3.695%, 5년물은 3.728%, 10년물은 3.653%를 보이고 있습니다. 이때의 금리는 기준금리와 차이가 납니다. 자금 시장에서 수요가 몰리다 보니 기준금리보다 높은 시장금리가 형성되어 있는 것입니다.

금리가 개인에 미치는 영향

2021년 8월까지 우리나라의 기준금리는 0.5%에 불과했습니다. 금리가 낮다 보니 대출이자에도 부담이 없었고 그래서 부동산 시장이 폭등하기도 했습니다. 하지만 그 후 기준금리가 지속적으로 상승하여 2022년 11월 3%대에 달하자 시중금리도 급등하여 대출이자 부담이 크게 늘어났고 그래서 부동산 시장이 침체를 보이기도 했습니다.

금리의 변동은 개인들에게도 큰 영향을 미칩니다.

손오공은 5억짜리 집을 사면서 3억을 대출받았습니다. 3% 이자와 만기 10년으로 대출을 받았습니다. 매달 갚아야 하는 금액은 2,896,822원입니다. 그런데 금리가 6%로 뛰어버렸습니다. 이렇게 되면 매달 갚아야 하는 금액은 3,330,615원입니다. 무려 433,793원이 늘었습니다. 1년으로 하면 5,205,516원입니다. 한 달 벌어 한 달 먹고사는 것이 월급쟁이 숙명인데 이렇게 1년에 갚아야 하는 금액이 520만 원이나 늘어나면 정말 난감하지요. 당장 먹을 것도 아껴야 하고, 아이들 학원도 못 보낼지 모릅니다. 흔히 기준금리가 나하고 무슨 상관이야 하고 생각할지 모르지만 이렇게 우리 실생활에 큰 영향을 미칩니다.

좋은 점도 있습니다. 이자 생활자입니다. 불과 1년 전만 하더라도 2% 이자밖에 받지 못했는데 갑자기 이자가 6%로 올랐습니다. 1억을 맡겨놓으면 2백만 원밖에 이자가 나오지 않았는데 이젠 6백만 원이 나옵니다. 하지만 솔직히 말해서 크게 좋아할 일은 아닙니다. 그만큼 물가가 상승하여 실제 구매력에는 별 변화가 없기 때문입니다.

아무튼, 이렇게 기준금리의 변동은 국가 경제는 물론이고 개인 경제에도 매우 큰 영향을 미친답니다.

금융통화위원회

금융통화위원회는 한국은행의 통화신용정책에 관한 주요 사항을 심의·의결하는 정책결정기구로 한국은행 총재 및 부총재를 포함하여 총 7인의 위원으로 구성된다.

한국은행 총재는 금융통화위원회 의장을 겸임하며 국무회의 심의를 거쳐 대통령이 임명한다. 부총재는 총재의 추천에 의해 대통령이 임명하며, 다른 5인의 위원은 각각 기획재정부 장관, 한국은행 총재, 금융위원회 위원장, 대한상공회의소 회장, 전국은행연합회 회장 등의 추천을 받아 대통령이 임명한다. 총재의 임기는 4년이고 부총재는 3년으로 각각 1차에 한하여 연임할 수 있으며, 나머지 금통위원의 임기는 4년으로 연임할 수 있다.

한국은행 총재는 금융통화위원회를 대표하는 의장으로서 회의를 주재한다. 금융통화위원회의 본회의는 의장이 필요하다고 인정하는 때, 또는 위원 2인 이상의 요구가 있을 때 의장이 소집할 수 있는데 현재는 매월 둘째 주, 넷째 주 목요일에 정기회의가 개최되고 있다. 본회의에 상정되는 안건을 심의·의결하기 위해서는 통상 7인의 금통위원 중 5인 이상의 출석과 출석위원 과반수의 찬성이 필요하며 금융통화위원회가 의결을 한 때는 의결서를 작성한다. 한편 본회의의 논의내용에 대해서는 의사록을 작성하고 의사록 내용 중 통화신용정책에 관한 사항에 대해서는 외부에 공개한다.

본회의 이외의 회의로는 상정 안건과 관련한 논의 등을 위한 간담회, 금융경제동향 등에 관하여 관련 부서의 보고를 듣고 서로 의견을 교환하기 위한 협의회 등이 있다. 한편, 대국회 보고를 위한 통화신용정책보고서나 연차보고서, 금융안정보고서, 한국은행의 예산 등과 같은 중요 사안에 대해서는 별도로 심의위원회를 구성하여 보다 면밀한 검토가 이루어지도록 하고 있다.

출처: 한국은행

금리와 경기

경기순환은 변동 주기에 따라 크게 3가지로 구분합니다. 첫 번째, 단기순환은 키친순환이라고 하며 주로 재고투자의 변동으로 일어나는데 대체로 40개월 정도를 주기로 봅니다. 두 번째, 중기순환은 쥬글러순환이라고 하는데 설비투자의 변동이 주된 원인으로 분석되며 대체로 6~10년 정도로 봅니다. 세 번째로 장기순환은 콘트라티에프 순환이라고 하는데 기술의 대혁신, 큰 발명 등으로 일어나며 그 순환 주기는 대략 50~60년으로 봅니다.

경기가 상승하고 있는가 하락하고 있는가를 따져보는 지표로는 GDP, 산업생산지수, 실업률, 기업경기실사지수, 소비자전망지수 등이 있습니다. 이 외에도 우리가 피부로 느낄 수 있는 생활 주변 체감 지표로 경기의 변동을 파악할 수도 있습니다.

대표적인 것이 여성의 치마 길이입니다. 여성들은 불경기에는 긴 치마를 선호하지만 호경기가 되면 짧은 치마를 선호한다는 것입니다. 짧은 치마는 멋을 내기에는 좋은 옷이지만 점잖은 곳에 입고 가기에는 아무래도 좀 불편하죠. 그래서 짧은 치마를 입고 다니는 사람은 점잖은 옷을 따로 구입하게 되고 그러기 위해서는 경제적인 여유가 있어야 한다는 것입니다. 하지만 경제적 여유가 없는 경우라면 짧은 치마보다는 여러 곳에 입고 다닐 수 있는 점잖은 옷을 선택한다는 것이지요. 이는 미국의 경제학자 마브리(Mabry)가 지난 1971년 뉴욕 증시와 치마 길이의 관계에 대해 연구한 자료에서도 알 수 있는데 경기 호황이던 1960년대에는 여성들이 짧은 치마를 입었고, 오일쇼크 등으로 불황의 그늘이 짙던 1970년대에는 긴 치마를 입었다고 합니다.

외환위기 때는 담배꽁초의 길이가 경기를 반영한다는 결과도 있었습니다. 외환위기 때인 1998년 말 담배소비자연맹이 서울 탑골공원 주변의 담배꽁초 1천 개의 길이를 재었더니 7mm로 1996년 말

15mm의 절반에도 미치지 못했다고 합니다. 1999년 9월 다시 조사해 보니 10.2mm로 외환위기 때보다 46%가 늘어났다고 합니다. 경기가 안 좋으면 아무래도 담배를 끝까지 피우고, 경기가 좋아지면 대충 피우고 버린다는 이야기입니다.

경기가 회복기를 보일 때는 기업의 이익이 늘어날 뿐만 아니라 실업률도 감소하고 설비투자가 일어나며 소비의 증가세도 아울러 일어날 때입니다. 경기가 활황을 띠고 설비투자가 증가세를 보입니다. 이후 경기가 본격적으로 상승하면 소비가 늘어나고 생산도 증가하여 자금의 수요도 같이 증가합니다. 저축이 감소하고 대출이 늘어나면서 자연스럽게 금리는 상승합니다. 이때는 채권에 대한 투자를 소극적으로 하는 것이 좋습니다.

경기가 침체기에 접어들면 내수가 침체되고 공장가동률도 하락하게 되며 소비가 줄어들고 생산도 감소합니다. 따라서 자금의 수요도 감소하면서 저축이 증가하고 대출이 늘어나면서 금리는 자연스럽게 하락합니다. 이때는 채권 비중을 확대하는 것이 좋습니다.

금리와 경제

금리가 변동할 때 경제지표에 어떤 영향을 미치는 것일까요?

금리가 하락하면 예금 등 금리 상품의 매력이 감소하게 됩니다. 반면 주식과 부동산 등 실물경제의 매력이 부각됩니다. 은행에 돈을 넣어봤자 이자가 몇 푼 나오지 않으니 아예 배당을 많이 주는 주식을 사거나, 아니면 빚을 내서 부동산에 투자하는 경우도 나타납니다. 투자가 확대되고 생산이 증가하면서 자연스럽게 저축은 감소하고 소비는 증가합니다. 경기는 좋아지는 반면 물가상승의 압력을 받게 됩니다.

금리가 상승하면 예금 등 금리 상품의 매력이 증가하게 됩니다. 2022년 가을 저축은행의 1년 정기예금 금리가 6.5%에 달한 적이 있었습니다. 많은 사람들이 저축은행에 몰려 이 상품에 가입했지요. 심지어 새벽부터 저축은행 지점 앞에서 줄을 서는 진풍경도 연출했습니다. 이렇게 금리 상품의 매력이 증가하면서 주식이나 부동산 등 실물경제의 매력은 빛을 잃게 됩니다. 저축이 증가하면서 소비는 감소하고 그래서 경기도 하락하고 물가도 하락하게 됩니다. 대출 등 조달 금리도 상승하다 보니 투자는 감소하게 되고 생산도 감소하여 경기 하락의 압력을 받게 됩니다.

05 금리의 변수

금리와 물가

물가지수는 소비자물가지수, 생산자물가지수, 수출입물가지수로 나눌 수 있습니다. 이 중 소비자물가지수는 한국은행이 통화정책을 결정할 때 참고로 하는 물가지수로 금리에 미치는 영향이 큽니다.

물가가 상승하면 사람들은 미리 물건을 확보하려고 합니다. 작게는 라면부터 크게는 부동산까지 크고 작은 것들을 매입하려고 합니다. 돈에 대한 수요가 크게 늘어납니다. 따라서 저축은 줄어들게 되고 자연스럽게 금리도 올라갑니다.

물가가 상승하지 않는다면 사람들은 굳이 물건들을 확보하려고 하지 않습니다. 돈에 대한 수요가 줄어듭니다. 저축이 늘어나고 자연스럽게 금리는 안정됩니다.

물가가 많이 오르면 한국은행에서는 물가를 안정시키기 위해 기준금리를 올립니다. 금리가 올라가다 보면 투자가 위축되고 저축이 증가하면서 자연스럽게 물가는 하락합니다. 물가가 하락하면 사람들은 구매를 미루는 경향을 보입니다. 따라서 저축이 늘어나고 자연스럽게 금리는 내려갑니다. 금리가 내려가다 보면 투자가 촉진되고 이는 저축의 하락으로 이어지며 다시 물가는 상승합니다. 이렇게 금리와 물가는 서로 물고 물리면서 순환을 이어갑니다.

금리와 재정정책

정부가 경제활동에 영향력을 행사하는 전반적인 정책을 재정정책이라고 합니다. 이를 통해 완전고용, 물가안정, 경제발전, 공평한 소득분배, 효율적인 자원배분을 추구합니다. 그리고 이 과정에서 모자라는 돈은 국채를 발행해서 충당합니다.

따라서 경기를 부양하려고 하는 재정정책은 국채 발행량이 증가하면서 채권시장의 공급에 영향을 주어 금리의 상승과 연결됩니다. 또한 경기부양책에 대한 기대감으로 각종 금리는 상승세를 보입니다.

반면 경기를 진정시키려고 하는 재정정책은 국채 발행량이 감소하면서 채권시장의 공급에 영향을 주어 금리의 하락과 연결됩니다. 또한 긴축정책에 대한 우려로 각종 금리는 하락세를 보입니다.

금리와 통화정책

돈의 가치는 물가 수준에 따라 변합니다. 한 나라의 물가를 안정적으로 관리하는 것이 그 나라 중앙은행의 역할입니다. 우리나라의 중앙은행인 한국은행은 물가의 안정을 가장 우선시하는 곳입니다.

물가가 오르면 같은 금액으로 살 수 있는 양이 줄어듭니다. 편의점에서 200㎖ 우유를 사서 마셨는데 언젠가부터 200㎖가 180㎖로 바뀌었더군요. 그래서 자세히 보니 1,000㎖ 우유도 900㎖로 바뀌었더군요. 같은 금액을 지급해서 가격이 오르지 않았다고 생각했는데 실제로는 가격이 오른 것이었습니다.

한국은행은 물가안정을 위해 통화정책을 실시합니다. 기준금리를 결정하고 시중은행의 지급준비율을 결정하며 통화안정증권의 발행량을 조절하는 정책을 시행합니다.

한국은행에서는 물가상승이 우려될 경우 기준금리를 인상하거나, 시중은행의 지급준비율을 높이거나, 통안채 발행을 증가하여 자금을 흡수하는 정책을 시행합니다. 이 경우 금리는 상승합니다. 반대로 기준금리를 인하하거나, 시중은행의 지급준비율을 낮추거나, 통안채 발행을 감소하여 자금을 푸는 정책을 사용하는 경우에는 금리가 하락합니다.

국내 금리와 해외 금리

세계 경제가 동조화되면서 각 나라 중앙은행들의 금리정책이 공조화 현상을 보이고 있습니다. 세계적인 금리 상황도 국내 금리에 영향을 미칩니다. 해외 투자자들의 국내 채권투자 규모도 커진 만큼 세계 선진국의 금리 동조화 현상도 계속 이어질 것으로 보입니다. 우리나라와 미국의 금리가 비슷하게 움직이고 있는 것도 이와 같은 이유에서입니다.

Chapter 5

채권수익률

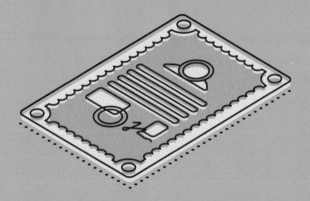

채권수익률의 종류

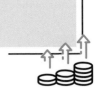

채권수익률의 종류로 표면이자율, 만기수익률, 총투자수익률, 연평균 수익률 등이 있습니다.

표면이자율(Coupon Rate)은 액면이자율이라고도 하며, 말 그대로 채권의 표면에 적혀있는 이율입니다. 채권을 발행한 측에서 투자자에게 1년 단위로 지급하는 이자를 액면으로 나눈 값입니다. 예를 들어 액면이 1만 원인 채권에 500원의 이자를 지급했다면 표면이자율은 5%가 됩니다. 재투자 개념이 없으며 단리로 수령되는 연 단위 이자율입니다.

만기수익률은 가장 중요한 것입니다. 만기수익률은 채권을 현재가격에 구입하여 이것은 만기까지 보유할 경우에 얻게 되는 수익률로 흔히 채권수익률이라고 표현하는 것입니다. 그래서 채권수익률은 채권 간의 수익률 비교 방법으로 사용되고 실제 채권을 매매할 때 매매 호가의 기준으로도 사용합니다. 만기수익률은 연복리 수익률을 기준으로 하며 채권의 만기 전에 발생하는 모든 현금흐름이 같은 수익률로 만기일까지 재투자되는 것을 전제로 합니다. 또한 발행기관의 채무불이행이 없고, 만기까지 채권을 보유하고 있는 것을 전제로 계산합니다. 만일 발행기관의 채무불이행이 있거나 이자를 만기수익률로 재투자하지 못하면 만기수익률은 의미 없는 숫자가 되어버립니다.

액면가 채권의 경우는 표면이자율이 만기수익률과 동일하고 할인 발행한 채권의 경우는 표면이자율보다 만기수익률이 더 높습니다. 그리고 할증 발행한 채권의 경우는 표면이자율이 만기수익률보다 더 높습니다.

총투자수익률은 보유기간수익률, 혹은 실질수익률이라고도 말하며 채권을 매수하여 매도할 경우 그 기간 동안 실현된 수익을 연수익률로 환산한 것입니다. 예상 총투자수익률을 계산하려면 투자 기간 종료 시점의 예상 채권 가격, 투자 기간 예상되는 액면이자의 합과 예상 재투자 수익을 고려하여야 합니다.

연평균 수익률은 미래가치를 투자 원금인 현재가치로 나누어 이것을 연 단위 단리수익률로 계산한 것입니다. 총투자수익률을 연 단위로 산술평균한 것이 됩니다.

발행수익률과 인수수익률, 유통수익률

발행수익률은 발행시장에서 채권을 발행할 때 매출가액과 이것으로부터 얻는 모든 수익과의 비율을 연 단위로 환산한 비율입니다. 그리고 인수수익률은 매출가액에서 인수수수료를 차감한 금액과 이로부터 얻어지는 모든 수익과의 비율을 연 단위로 환산한 비율입니다. 유통수익률은 채권의 유통시장에서 거래되는 채권들의 가격에 해당되는 금리를 말합니다. 채권의 유통수익률은 모두 만기수익률로 표시하도록 하고 있습니다.

02 채권수익률의 활용

채권수익률의 변화가 미치는 영향

채권수익률은 만기일까지 채권을 보유할 경우에 얻는 이자를 현재의 투자금으로 나눈 금액입니다. 정확하게 표현하면 '채권으로부터 발생하는 현금흐름의 합계액과 현재가격을 일치시키는 이자율'입니다.

채권수익률이 변하면 무슨 일이 어떻게 생길까요?

실제 예를 한 번 들어보겠습니다.

1년 만기 채권이 있습니다. 액면가는 1만 원이고 이자는 8%를 지급합니다. 이 채권을 가지고 있으면 1년 뒤에 10,800원을 지급받게 되지요.

그런데 자금 사정이 풍부해져서 돈에 대한 수요가 없다 보니 이자가 6%로 떨어졌습니다. 이렇게 되면 8% 이자를 받을 수 있는 채권을 가진 사람은 상대적으로 이익이 발생합니다. 생각해 보세요. 나는 8% 이자를 받을 수 있는 채권을 가지고 있는데 지금 채권을 사면 6% 이자밖에 받지 못하니 내가 지금 가지고 있는 채권의 가치가 지금 채권을 사는 사람보단 당연히 높지요.

반대로 시중의 자금 사정이 빡빡해져서 돈에 대한 수요가 높아지다 보니 이자가 10%로 올라갔다고 합시다. 이 경우는 아까와 반대입니다. 나는 상대적으로 손실을 보게 됩니다. 즉, 지금 채권을 사게 되면 10%나 이자를 받는데 내가 가지고 있는 채권은 8%밖에 받지 못하니 그만큼 손실이 발생하는 거지요.

이렇게 채권수익률이 변하면 채권의 가치가 변하는데 이것이 바로 채권 가격입니다. 채권 가격은 보통 $\frac{원리금}{(1+채권수익률)}$로 계산합니다.

액면가 1만 원, 이자 8%인 경우 원리금은 10,800원이 됩니다. 그리고 채권수익률이 8%인 경우에는 $\frac{10,800}{(1+0.08)}$이 되어서 채권 가격은 10,000원이 됩니다. 만일 채권수익률이 6%로 하락하게 되면

$\dfrac{10,800}{(1+0.06)}$ 이 되어서 채권 가격은 10,188원이 됩니다. 만일 채권 수익률이 10%로 상승하게 되면 $\dfrac{10,800}{(1+0.10)}$ 이 되어서 채권 가격은 9,818원이 됩니다.

자세히 보시면 채권수익률이 올라가면 채권 가격은 하락하고 채권수익률이 내려가면 채권 가격이 상승하는 것을 볼 수 있을 거예요. 그래서 채권수익률과 채권 가격은 반비례의 관계라고 이야기합니다.

채권과 채권수익률과의 관계

채권 가격과 채권수익률과의 관계를 조금 더 자세히 설명해 볼까요?

채권 만기가 길수록 채권수익률 변동 폭에 따라 채권가격의 변동 폭도 커집니다.

A 채권은 만기가 20년이고 액면이자율이 10%입니다. B 채권은 만기가 10년이고 액면이자율이 10%입니다. 둘 다 액면은 10,000원이고 이자는 1년에 2회 지급한다고 가정하겠습니다. 이때 수익률이 10%에서 8%로 하락하면 A 채권의 가격은 11,980원으로 상승하고 B 채권의 가격은 11,360원으로 상승합니다. 만기가 긴 A 채권의 가

격변동폭은 19.8%인데 비해서 만기가 상대적으로 짧은 B 채권의 가격변동폭은 13.6%에 불과합니다. 수익률이 10%에서 12%로 상승할 때는 어떨까요? A 채권의 가격은 8,500원이 되고 B 채권의 가격은 8,850원이 됩니다. 만기가 긴 A 채권의 가격변동폭은 -15.0%인데 비해서 만기가 상대적으로 짧은 B 채권의 가격변동폭은 -11.5%에 불과합니다.

표면이자율이 낮은 채권이 높은 채권보다 일정한 수익률 변동에 따른 가격변동폭이 큽니다.

A 채권은 만기가 20년이고 액면이자율이 10%입니다. B 채권도 만기는 20년으로 동일한데 액면이자율은 12%입니다. 둘 다 액면은 10,000원이고 이자는 1년에 2회 지급한다고 가정하겠습니다. 이때 수익률이 10%에서 8%로 하락하면 A 채권의 가격은 10,000원에서 11,980원으로 상승하고 B 채권의 가격은 11,720원에서 13,960원으로 상승합니다. 즉, 표면이자율이 낮은 A 채권의 가격변동폭은 19.8%인데 비해서 표면이자율이 상대적으로 높은 B 채권의 가격변동폭은 19.1%입니다. 수익률이 10%에서 12%로 상승할 때는 어떨까요? A 채권의 가격은 8,500원이 되고 B 채권의 가격은 11,720원에서 10,000원이 됩니다. 표면이자율이 낮은

A 채권의 가격변동폭은 -15.0%인데 비해서 표면이자율이 상대적으로 높은 B 채권의 가격변동폭은 -14.7%입니다.

만기가 일정할 때에는 채권수익률의 하락으로 인한 채권 가격의 상승폭은 같은 폭의 채권수익률 상승으로 인한 채권 가격의 하락폭보다 큽니다.

A 채권은 만기가 20년이고 액면이자율은 10%입니다. 액면은 10,000원이고 이자는 1년에 2회 지급한다고 가정하겠습니다. 채권수익률이 10%에서 8%로 하락하여 채권 가격은 10,000원에서 11,980원으로 바뀝니다. 그리고 채권수익률이 10%에서 12%로 상승하면 채권 가격은 10,000원에서 8,500원으로 바뀝니다. 채권수익율의 하락으로 인한 채권 가격의 상승폭은 1,980원이고 채권수익률의 상승으로 인한 채권 가격의 하락폭은 1,500원입니다. 이로 인하여 채권수익률의 하락으로 인한 채권 가격의 상승폭은 같은 폭의 채권수익률 상승으로 인한 채권 가격의 하락폭보다 크다는 것을 알 수 있습니다.

채권수익률 활용의 예

채권은 그 종류가 엄청나게 다양해서 각각의 현금흐름이 모두 다릅니다. 따라서 각각의 채권들을 비교하기 위해서 채권수익률을 활용합니다.

예를 한 번 들어보도록 하겠습니다.

채권 A는 액면가 10,000원, 표면이자는 연 7%, 만기는 3년입니다. 채권 B는 액면가 10,000원, 표면이자는 연 8%, 만기는 5년입니다. 그리고 두 채권 모두 현재가격은 9,500원입니다. 이 두 채권 중에서 투자를 한다면 어떤 것을 선택해야 할까요? 이런 경우에는 채권수익률을 계산해서 더 높은 것을 선택하면 됩니다.

먼저 채권 A의 채권수익률을 구해봅니다.

$9,500원 = \dfrac{700}{(1+r)} + \dfrac{700}{(1+r)^2} + \dfrac{(10,000+700)}{(1+r)^3}$ 에서 r을 구하면 0.09, 즉 9%가 나옵니다.

다음은 채권 B의 채권수익률을 구해봅니다.

$9,500원 = \dfrac{800}{(1+r)} + \dfrac{800}{(1+r)^2} + \dfrac{800}{(1+r)^3} + \dfrac{800}{(1+r)^4} + \dfrac{(10,000+800)}{(1+r)^5}$

에서 r을 구하면 0.093, 즉 9.3%가 나옵니다. 채권 B가 채권 A보다 더 높은 수익률을 보이기 때문에 채권 B를 선택합니다. 채권 A와 채권 B를 비교할 수 있는 근거가 마련된 것이지요.

03 채권수익률의 결정요인

내적 요인

채권수익률에 미치는 요인들은 크게 내적 요인과 외적 요인으로 구분합니다. 내적 요인은 채권의 종류 및 특성에 따른 수익률의 결정요인이고 외적 요인은 채권의 종류와 상관없이 금리에 영향을 미치는 요인입니다.

먼저 내적 요인을 살펴보면 채권의 만기가 길수록 수익률은 올라갑니다. 만기가 길다는 것은 그동안 수많은 리스크가 잠재되어 있다는 것이잖아요. 그러니 그만큼 반대급부로 수익률이 올라가야지요. 우리가 친구한테 돈을 꾸어준다고 생각해 봅시다. 당장 내일 돈을 갚겠다고 하면 이자는 안 받아도 무방합니다. 뭐 하루 차이니까 갚기만 갚으면 되지, 뭐 굳이 이자까지 받나 하고 생각할 겁니다. 하지만 1년을 빌려달라고 하면 아무래도 이자를 받아야겠지요. 은행에 넣어 놓으면 5% 이자를 받을 수 있으니 최소한 5% 이상의 이자는 받아야 할 겁니다. 만약 친구가 10년을 빌려달라고 하면 조금 고민이 될 겁니다. 10년 동안 무슨 일이 어떻게 일어날지 알 수가 없잖아요. 사람 일이라는 게 알 수가 없는 것인데 혹시 그사이에 이 세상 사람이 아닐 수도 있고 이민을 갈 수도 있고 아무튼 머리가 복잡할 겁니다. 그래서 아마 대부분 돈을 빌려주지 않을 것 같네요. 만일, 정 빌려주어야 할 상황이라면 이자는 5%가 아니라 훨씬 더 많이 해서 빌려줄 겁니다. 채권도 마찬가지로 만기가 길수록 수익률은 올라가게 됩니다.

발행자의 신용이 나쁠수록 수익률은 올라갑니다. 발행자의 신용이 나쁘다는 것은 돈을 갚지 않을 확률이 높다는 것이니 당연히 수익률은 올라갑니다.

이것도 친구한테 돈을 빌려줄 때 생각해 보면 금방 이해가 갈 겁니다. 돈을 잘 갚는 친구와 돈을 잘 갚지 않는 친구에게 같은 이자를 받고 돈을 빌려줄 수는 없는 것이니까요.

유동성위험이 높으면 수익률은 올라갑니다. 유동성위험이 높다는 것은 돈이 귀하다는 것이고 그만큼 돈값이 올라갔다는 이야기입니다. 따라서 당연히 수익률은 올라갑니다. 반대로 유동성이 풍부하면 수익률은 내려가겠지요. 위험이 사라진 만큼 그만큼의 할인 요소가 발생했기 때문입니다.

표면금리가 시장의 예상보다 높으면 채권수익률은 상승합니다. 표면금리가 예상보다 높다는 것은 발행 기업의 자금 부담이 예상보다 크다는 것입니다. 이는 발행자의 신용과도 연결되는 부분입니다.

외적 요인

다음은 외적 요인입니다.

경기가 개선되면 투자 여건도 성숙해지고 자금의 수요도 같이 증가합니다. 기업에서는 회사채를 발행해서 자금을 조달하겠지요. 자금조달을 위해서 금리를 높여야 하고 그러면 자연스럽게 채권수익률도 올라갑니다.

물가가 상승해도 수익률은 올라갑니다. 물가의 상승은 채권수익률의 상승과 연동되어 있습니다. 물가가 상승해서 실질 구매력이 줄어들게 되면 이를 상쇄하기 위해서 채권수익률은 올라가겠지요.

기준금리가 인상되어도 수익률은 올라갑니다. 기준금리의 상승은 물가상승과 연계되어 있습니다. 같은 논리로 채권수익률도 상승합니다.

수요보다 공급이 더 많아도 수익률이 올라갑니다. 수요보다 공급이 더 많다는 것은 채권을 사겠다는 사람이 부족하다는 뜻입니다. 따라서 높은 수익률을 제시해야 채권을 소화시킬 수 있으니 당연히 수익률은 올라가게 됩니다.

04 수익률곡선(Yield Curve)

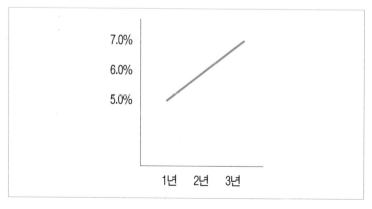

수익률곡선이란 신용도가 같은 곳에서 발행한 같은 채권을 대상으로 만기별 이자율을 만기에 따라 연결하여 나타낸 곡선입니다. 예를 들어 1년 이자율이 5.0%, 2년 이자율이 6.0%, 3년 이자율이 7.0%라고 하면

이런 모양이 나옵니다. 이것을 수익률곡선이라고 합니다. 채권을 처음 공부하시는 분들 중에는 수익률곡선에 대한 개념을 이해 못 하시는 경우가 많은데요, 알고 보면 아주 단순하고 쉬운 곡선입니다. 이렇게 1년, 2년, 3년 하는 만기의 차이에 따른 이자율 구조를 통칭하여 이자율 기간 구조라고 합니다.

수익률곡선은 채권시장의 각 만기별로 기준금리의 성격을 가지는데요, 기업의 실물 투자 결정을 위한 자금조달계획의 수립이나 정부의 통화신용정책과 관련하여 중요한 의미를 가지고 있습니다. 왜냐하면 수익률곡선의 형태가 다양하기 때문에 그에 따라 대응이 달라져야 하거든요.

수익률곡선의 형태

수익률곡선의 형태는 향후 금리 및 경제상황에 따른 기대에 따라 여러 가지로 나타납니다. 가장 대표적인 것은 상승형입니다. 그리고 나머지는 하강형, 수평형, 낙타형 등이 있습니다. 하나씩 보면서 설명해 드리겠습니다.

먼저 상승형입니다.

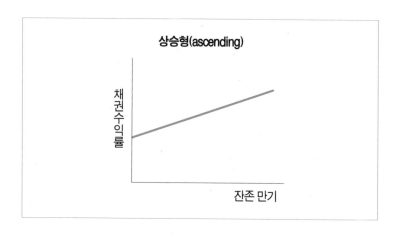

상승형(ascending)

채권수익률

잔존 만기

가장 정상적으로 관찰되는 형태입니다. 우리가 은행에 돈을 맡기면 기간에 따라 다른 이자를 받잖아요. 대표적인 것이 1년 동안 돈을 맡겨놓으면 5% 이자를 주고 2년 동안 돈을 맡기면 5.2%를 주고 3년 동안 돈을 맡기면 5.4%를 주는 식이지요. 가장 흔한 방식이고, 가장 많이 보는 모양입니다. 그래서 상승형 수익률곡선을 정상 수익률곡선이라고도 합니다.

상승형 수익률곡선은 짧은 기간의 이자율이 긴 기간의 이자율보다 아래에 있는 경우로 앞으로 이자율이 상승할 것으로 전망되는 경우에도 발생합니다. 주로 경기 상승 초기에 나타나고 이자율자체가 낮은 시기에도 나타나는 형태입니다.

다음은 하강형입니다.

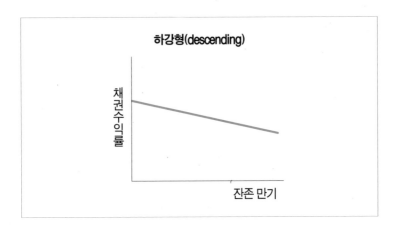

하강형(descending)

채권수익률

잔존 만기

하강형 수익률곡선은 상승형 수익률곡선과 반대입니다. 즉 짧은 기간의 이자율이 긴 기간의 이자율보다 더 높은 경우입니다. 현재의 이자율이 상당히 높은 수준에 있어서 앞으로 이자율이 하락할 것으로 전망되는 경우에 발생합니다. 경기가 정점일 때도 나타납니다.

2022년 가을에 이런 모양이 나타났는데요, 그 당시 금융시장이 경색되어서 돈에 대한 수요는 넘치는데 공급이 부족한 상황이 발생했답니다. 그래서 일부 저축은행은 1년에 6.5%의 이자를 주겠다고 했는데요, 재미있는 것은 그 저축은행들이 대부분 2년이나 3년짜리 상품은 팔지 않고, 파는 경우에도 1년짜리보다 금리가 훨씬 낮았다는 것이에요. 그 말은 '지금은 우리가 돈이 부족해서 비싼 이자 주고 돈을 모으지만 앞으론 금리가 하락할 테니 비싼 이자 못 주겠다' 그런 뜻이지요.

다음은 수평형입니다.

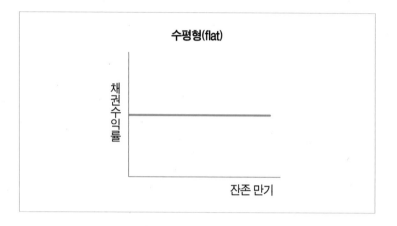

수평형 수익률곡선은 짧은 기간의 이자율과 긴 기간의 이자율이 거의 같은 수준인 경우입니다. 경기순환의 중간단계에서 발생하고 앞으로의 이자율이 지금의 이자율과 거의 변동이 없을 것으로 전망하는 경우에 발생합니다.

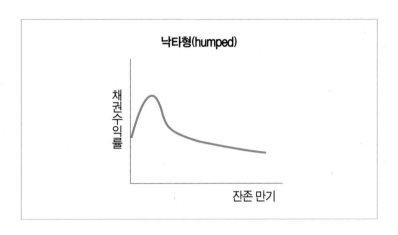

낙타형(humped)

채권수익률

잔존 만기

　낙타형 수익률곡선은 짧은 기간의 이자율이 급격히 상승하다가 어느 시점이 되면 긴 기간의 이자율이 서서히 하락하는 모양을 보입니다. 짧은 기간의 이자율이 올라갔다가 내려가는 모양이 낙타의 혹같이 생겼다고 해서 낙타형이라고 합니다. 이 모양은 정부의 일시적인 금융긴축으로 시중의 단기자금이 아주 악화되었을 때 나타납니다.

05 듀레이션

듀레이션은 채권 투자자금의 평균회수기간을 말합니다. 듀레이션이 1년이라면 1년 뒤 채권 투자자금이 회수된다는 뜻입니다. 0.5년이라면 6개월 뒤에 채권 투자자금이 회수된다는 뜻입니다.

채권에 투자하는 경우 각 시점의 현금흐름을 현재가치로 환산한 금액이 총현금흐름에서 차지하는 비중을 가중치로 사용하고 이를 채권의 현금흐름 시점에 곱하여 산출한 현재가치로 환산된 가중평균 만기를 의미합니다.

쉽게 예를 들어보겠습니다. 제가 홍길동에게 돈을 1만 원 꾸어주었습니다. 그리고 3년 뒤에 돈을 받기로 합니다. 그리고 그사이

에 1년에 한 번씩 10%의 이자를 주기로 했습니다. 이때 듀레이션

을 구해보면

$$D = \frac{\frac{1,000}{(1+0.1)} \times 1 + \frac{1,000}{(1+0.1)^2} \times 2 + \frac{11,000}{(1+0.1)^3} \times 3}{\frac{1,000}{(1+0.1)} + \frac{1,000}{(1+0.1)^2} + \frac{11,000}{(1+0.1)^3}} = 2.7355년이 \ 나옵니다.$$

원금은 3년 뒤에 받기로 했지만 중간중간 이자도 받고 해서 평균

회수기간을 따지면 2.7년이 나오는 것이지요.

듀레이션은 채권의 가격변동에 영향을 미치는 만기와 표면금

리 효과를 종합한 것으로 이 개념이 생기기 전에는 가중평균상환

기간을 주로 사용하였습니다. 가중평균상환기간은 각 기간마다

발생하는 이자 및 상환금이 총현금흐름에서 차지하는 비중을 계산

하여 여기에 연수를 곱하여 계산하였습니다.

이표채 같은 경우는 중간에 이자를 받기 때문에 채권의 만기보

다 짧은 듀레이션을 가지게 되고 할인채 같은 경우는 처음에 할인

해서 채권을 사고 중간에 이자 수입이 없기 때문에 만기와 듀레이

션이 일치합니다.

채권의 만기가 길수록 투자자금의 회수기간이 길어지기 때문

에 듀레이션도 같이 길어지고 채권의 만기가 짧을수록 투자자금의

회수기간이 짧아지기 때문에 듀레이션도 같이 짧아집니다.

표면금리가 높으면 자금의 회수가 그만큼 빨라지니 듀레이션은 짧아지고 표면금리가 낮으면 자금의 회수가 그만큼 느려지니 듀레이션도 길어집니다.

채권수익률이 낮을수록 자금의 회수가 느려지니 듀레이션은 길어지고 채권수익률이 높을수록 자금의 회수가 빨라지니 듀레이션은 짧아집니다.

만기가 다가올수록 투자자금의 회수기간도 짧아지니 듀레이션도 같이 짧아집니다.

듀레이션의 활용

채권수익률이 상승해서 채권 가격이 하락할 것으로 예상되면 듀레이션을 짧게 조절합니다. 그럼 손실을 줄일 수 있습니다. 반대로 채권수익률이 하락해서 채권 가격이 상승할 것으로 예상되면 듀레이션을 길게 조절합니다. 그럼으로써 수익을 늘릴 수 있습니다. 듀레이션은 금리 변화에 대한 채권 가격의 민감도를 의미하기 때문입니다. 듀레이션이 크면 금리 변화에 따라 채권 가격이 크게 변동되고 듀레이션이 작으면 금리 변화에 따라 채권 가격이 작게 변동합니다.

저는 교보증권에서 2조 원의 채권을 운용하는 채권본부장으로 일한 적이 있었는데요, 매주 월요일 팀장들과 회의를 하면서 앞으로의 채권시장에 대해서 토론을 하곤 했습니다. 토론 결과 금리가 오를 것 같으면 듀레이션을 줄여서 대응하고 금리가 내릴 것 같으면 듀레이션을 늘려서 대응했습니다.

예를 들어서 금리가 오를 것 같아서 0.7의 듀레이션을 0.6으로 줄였다고 가정해 보겠습니다. 그 후 실제로 금리가 10bp, 즉 0.1%가 올랐습니다. 듀레이션이 0.7일 때 채권본부의 손실은 2조×0.001×0.7=14억입니다. 하지만 듀레이션이 0.6으로 줄었을 때 채권본부의 손실은 2조×0.001×0.6=12억입니다. 2억의 손실을 줄일 수 있게 된 것입니다.

반대로 금리가 내릴 것 같아서 0.7의 듀레이션을 0.8로 늘렸다고 가정해 보겠습니다. 그 후 실제로 금리가 10bp, 즉 0.1%가 내렸습니다. 듀레이션이 0.7일 때 채권본부의 수익은 2조×0.001×0.7=14억입니다. 하지만 듀레이션을 0.8로 늘렸을 때 채권본부의 수익은 2조×0.001×0.8=16억입니다. 2억의 수익을 늘릴 수 있게 된 것입니다. 듀레이션은 이렇게 활용합니다.

06 채권 가격의 계산

계산 방식

채권 가격을 계산하는 방식에 대해 설명해 드리겠습니다. 제가 채권 공부를 처음 하던 시기에는 컴퓨터가 없고 계산기만 있어서 손으로 계산기를 두들겨가며 채권 가격을 계산했습니다. 저보다 좀 더 선배들 중에는 계산기 대신 주판을 이용하여 계산하시는 분들도 계셨죠. 지금 생각해보니 참 까마득한 옛날이야기 같습니다.

지금은 엑셀도 있고, 컴퓨터도 있으니 굳이 사람이 손으로 계산할 이유는 없습니다. 하지만 채권 가격이 어떻게 계산되는지 그 시스템은 알아두어야 합니다.

채권 가격을 계산할 때 필요한 것은 채권의 종류, 현금흐름, 발행일, 만기일, 이자 지급일, 표면이자율 등입니다.

일반적으로 계산할 때에는

$P=\dfrac{S_n}{(1+r)^n}$으로 계산합니다. (P는 채권 가격, r은 수익률, S_n은 만기 지급액, n은 잔존연수)

그런데 채권 단가를 계산하는 날이 연수가 딱 맞게 떨어지는 경우는 드물고 날짜 계산까지 해야 하는 경우가 대부분입니다.

그래서 정확하게 계산하려면 $P=\dfrac{S_n}{(1+r)^{(n+\frac{d}{365})}}$ 으로 계산을 해야 하는데 이렇게 되면 계산이 너무 복잡해지니 관행적으로 $P=\dfrac{S_n}{(1+r)^n\times(1+r\times\frac{d}{365})}$ 로 해서 계산합니다.

아무래도 승수로 계산하는 것보다는 이렇게 곱하기로 계산하는 것이 훨씬 더 편하고 차이도 거의 없으니까요.

계산 예

3년물 할인채의 매매단가를 한 번 계산해 보겠습니다.

발행일은 2023년 5월 23일, 만기일은 2026년 8월 22일, 매매일은 2023년 6월 22일, 수익률은 3.689%라고 가정해 봅니다. 채권의 만기가 3년인데 매매일이 30일 지났으므로 남아있는 잔존 기간은 2년 335일입니다.

이 경우의 매매단가는

$$P = \frac{10,000}{(1+0.03689)^2} \times \frac{1}{(1+0.03689 \times \frac{335}{365})} = 8,995원이 됩니다.$$

만일 매매일이 2026년 7월 23일이면 어떨까요? 잔존 기간이 30일 남은 경우입니다.

이 경우의 매매단가는

$$P = \frac{10,000}{(1+0.03689)^0} \times \frac{1}{(1+0.03689 \times \frac{30}{365})} = 9,970원이 됩니다.$$

만기가 다가올수록 매매단가는 액면가인 10,000원에 점점 근접한다는 것을 알 수 있습니다.

Chapter 6

채권 리스크

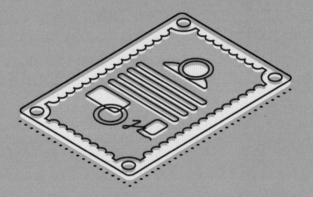

채권의 위험

하이 리스크 하이 리턴

채권을 사는 것도 투자입니다. 주식을 사는 것은 투자로 생각하고 채권을 사는 것은 저축이라고 생각하기 쉬운데 그렇지 않습니다. 주식이나 채권이나 모두 투자 행위입니다. 그래서 주식투자, 채권투자라는 말을 씁니다. 채권저축이라는 말은 쓰지 않습니다.

모든 투자에는 위험이 따릅니다. 하이 리스크 하이 리턴이라고 하는 말은 여기서도 적용됩니다. 국채같이 리스크가 없는 채권은 그만큼 금리가 낮습니다. 신용도가 낮은 회사채의 경우는 리스크가 높은 대신 금리도 높습니다. 리스크를 얼마나 줄이면서 수익을 창출해 내는가 하는 것이 핵심입니다. 위험이 하나만큼 늘어난다면 최소한 수익도 하나 이상은 늘어나야 투자가치가 있습니다. 위험이 셋 늘어났는데 수익은 하나만 늘어났다면 하지 않아야 합니다. 낮은 위험에 비해 높은 수익을 거둘 확률이 높을 때 투자에 나서야 하며 낮은 수익에 비해 위험의 확률이 높으면 포기해야 합니다.

채권도 투자다 보니 잘 이용하면 좋은 투자가 될 수도 있고, 잘못 이용하면 나쁜 투자가 될 수도 있습니다. 가치에 비해서 높은 금리를 주는 채권을 사서 만기에 돈을 잘 돌려받으면 좋은 투자를 한 것이고, 가치에 비해서 낮은 금리를 주는 채권을 사거나 만기에 제대로 돌려받지 못하면 나쁜 투자를 한 것입니다.

채권투자의 2가지 위험

채권투자에 대한 위험은 크게 2가지로 구분할 수 있습니다. 흔히 시장위험과 개별위험으로 구분하는데요, 말 그대로입니다. 즉, 시장위험은 채권시장 전체에서 발생한 위험이고 개별위험은 특정한 개별채권에서 발생한 위험입니다.

2007년에 세계 금융위기가 있었습니다. 미국의 금융시장에서 시작하여 전 세계로 번진 금융위기였습니다. 서브프라임 모기지로 시작된 사태는 점점 커지면서 급기야 리만 브라더스라고 하는 세계 4위의 투자은행까지 파산으로 몰았습니다. 주가는 폭락하고 금리는 급등했습니다. 채권시장에서는 전체 금리가 급등하고 모든 채권 가격이 급락하게 되어 위험이 발생했습니다. 이것이 시장위험입니다.

어떤 회사가 부도가 났습니다. 그래서 그 회사가 발행한 회사채에 투자한 사람은 돈을 돌려받지 못했습니다. 혹은 높은 금리로 이자를 잘 받고 있는데 발행한 회사에서 중간에 돈을 갚겠다고 나섰습니다. 혹은 보유채권의 매매가 잘되지 않아서 원래 가격보다 훨씬 낮은 가격으로 매도할 수밖에 없었습니다. 이런 것들이 개별위험입니다.

시장위험의 대표적인 것은 이자율위험, 구매력위험이 있습니다. 이 중 이자율위험은 다시 가격위험과 재투자위험으로 구분합니다. 그 밖의 시장위험으로는 외화표시채권에 대한 환율변동 위험과 세금 또는 투자 규제 등의 정치적 위험, 법적 위험 등이 있습니다.

개별위험의 대표적인 것은 채무불이행 위험, 중도상환 위험, 유동성위험 등이 있습니다. 다음 페이지부터는 이런 위험들을 하나씩 설명해 보도록 하겠습니다.

02 이자율위험

가격위험

이자율위험은 가격위험과 재투자위험으로 구분합니다.

가격위험은 금리가 상승하여 채권의 가격이 하락하게 되는 위험입니다.

예를 한 번 들어보겠습니다.

앞에서 예로 들었던 3년물 할인채의 매매단가입니다.

발행일은 2023년 5월 23일, 만기일은 2026년 8월 22일, 매매일은 2023년 6월 22일, 수익률은 3.689%라고 가정해 봅니다.

채권의 만기가 3년인데 매매일이 30일 지났으므로 남아있는 잔존 기간은 2년 335일입니다.

이 경우의 매매단가는

$$P=\frac{10,000}{(1+0.03689)^2}\times\frac{1}{(1+0.03689\times\frac{335}{365})}=8,995원이 됩니다.$$

8,995원을 주고 채권을 매입했습니다. 그런데 다음 날 갑자기 돈이 필요해서 이 채권을 팔아야 합니다. 공교롭게도 이날 수익률은 4.0%로 상승했습니다.

그러면 단가는 $P=\frac{10,000}{(1+0.04)^2}\times\frac{1}{(1+0.04\times\frac{334}{365})}=8,919원이 됩$ 니다.

하루 만에 8,995-8,919=76원을 손해 보게 됩니다. 이것이 바로 가격위험입니다.

물론 채권을 매매하지 않으면 손실이 발생하지 않습니다. 채권을 계속 보유하고 있으면 만기에 정해진 이자를 받을 수 있으니까요. 그래서 가격위험은 채권의 만기까지 채권을 계속 보유함으로써 회피할 수 있습니다.

저팔계는 2%에 정기예금을 가입했습니다. 그런데 갑자기 금리가 급등하여 6% 정기예금 상품이 등장했습니다. 저팔계는 가입한 2% 정기예금을 해지하고 6% 정기예금에 가입하고 싶은데 해지하려고 하니 해지 수수료를 물어야 합니다. 그래서 그냥 만기까지 유지하고 2% 이자를 받았습니다. 이런 경우도 가격위험입니다.

재투자위험

재투자위험은 금리가 하락하여 재투자할 때 기존보다 낮은 수익을 얻을 수밖에 없는 위험입니다. 재투자위험은 채권을 새로이 보유하려고 할 때 발생하는 것이기 때문에 채권의 만기까지 채권을 계속 보유해도 회피할 수 없습니다.

사오정은 6% 정기예금에 가입했습니다. 그런데 갑자기 금리가 급락하여 2% 정기예금 상품이 등장하였습니다. 사오정은 기분이 좋았습니다. 지금 정기예금에 가입하면 2%밖에 받지 못하는데 자기는 6%에 가입했으니까요. 그런데 만기가 되었을 때, 다시 6%로 정기예금에 가입하고 싶은데 그런 상품이 없어서 할 수 없이 2% 이자를 주는 정기예금에 가입할 수밖에 없었습니다. 기존보다 낮은 수익을 얻을 수밖에 없었지요. 이런 경우가 재투자위험입니다.

가격위험과 재투자위험은 서로 상반된 위험인데요, 금리가 하락하는 경우 채권 가격은 상승하지만 재투자 수익은 감소하고, 금리가 상승하는 경우 채권 가격은 하락하지만 재투자 수익은 증가합니다.

구매력위험, 환율위험

구매력위험

일반적으로 금리는 명목금리를 이야기합니다. 명목금리는 실질금리와 물가상승률로 구성되어 있지요. 명목금리가 변동이 없는 상황에서 물가상승률이 높은 경우 실질금리는 하락하게 됩니다. 이렇게 물가상승률이 높아서 실질금리가 감소하는 위험을 구매력위험이라고 합니다. 1만 원으로 사과를 8개 샀는데 물가상승으로 인해 7개밖에 사지 못하니 구매력이 감소했다 해서 구매력위험이라고 하는 것이지요.

그렇다면 높은 물가상승이 예상되는 경우 채권을 사지 말아야 할까요? 이런 경우를 대비해서 물가연동국고채라고 하는 것이 있답니다.

물가연동국고채는 물가상승률을 반영하여 이자를 지급하는 채권입니다. 물가상승률이 1%면 1%를 더해서 이자를 지급하고 물가상승률이 5%면 5%를 더해서 이자를 지급하는 것입니다. 손오공은 연 2%의 물가채를 가지고 있습니다. 그리고 물가상승률은 3%를 기록했습니다. 이때 손오공은 2%+3%=5%의 이자를 받을 수 있습니다.

물가연동국고채의 가장 큰 장점은 채권의 실질가치를 보호해 준다는 것입니다. 즉 구매력위험으로부터 벗어날 수 있다는 것이지요. 그래서 물가연동국고채를 대표적인 인플레이션 헤지 상품이라고도 표현합니다.

환율위험

채권의 원금과 이자가 자국 통화 이외의 통화로 지급되면 환율위험에 노출됩니다. 대표적인 예가 브라질 채권입니다. 브라질 국채에 대한 투자는 여러 가지 장점이 있었습니다. 첫 번째는 세금혜택입니다. 개인투자자의 경우 이자소득, 채권의 평가차익에 대해 과세가 되지 않습니다. 여기에 금융소득종합과세의 한도 대상에도 포함되지 않습니다. 이자율도 높았습니다. 표면금리가 10%였습니다. 하지만 문제는 환율이었습니다. 브라질의 헤알화가 하락하면서 오히려 손실이 발생했습니다.

채권의 원금과 이자를 헤알화로 지급받으니 헤알화가 반 토막이 난다면 그동안 이자 받은 것을 모두 더해도 오히려 손실이 발생할 수밖에 없습니다. 실제로 헤알화는 2011년 700원에 육박하기도 했으나 2015년 300원으로 반 토막이 났으며 이후 지속적으로 하락해 2023년 1월에는 230원대를 기록하고 있습니다.

물론 환헤지를 하면 됩니다. 하지만 원화와 헤알화를 환헤지하기 위해서는 원화–달러화, 달러화–헤알화, 이렇게 이중으로 헤지를 해야 합니다. 그리고 헤지에는 헤지 비용이 들어갑니다. 헤지 비용까지 지불하면서 브라질 채권을 매입하면 브라질 채권의 고금리 혜택이 상당 부분 상쇄되기 때문에 굳이 할 필요가 없게 되어버리는 딜레마에 빠집니다.

당시 제가 속해있던 교보증권에서는 브라질 채권을 팔아야 할지, 아니면 투자자 보호를 위해서 판매 금지를 해야 할지를 두고 여러 차례 회의를 했습니다. 그래서 내린 결론이 종합기획실장인

제가 브라질에 직접 가서 현장을 확인해 보고 결정을 내리는 것이었습니다. 한 달 동안 브라질에 머물면서 제가 내린 결론은 "환율 위험이 크다. 투자자 보호를 위해서 판매 금지를 하자."는 것이었습니다. 그렇게 보고서를 작성해서 보고하고 교보증권에서는 브라질 채권 판매를 금지했던 적이 있었습니다. 돌이켜 생각해보면 참 잘한 결정이었다고 자부하고 있습니다.

세금 위험

채권투자에서 세금의 존재는 무시할 수 없습니다. 세금의 변동에 따라 실제수익률이 달라지기 때문입니다. 이자소득세가 24.2%까지 간 적도 있었습니다. 지금의 이자소득세가 15.4%이니 그때와 비교하면 8.8% 차이입니다.

1,000만 원을 투자해서 50만 원 이자를 받았을 때 이자소득세가 24.2%일 때는 121,000원을 세금으로 내야 하고 15.4%일 때는 77,000원을 세금으로 내야 합니다. 따라서 세금의 변동도 채권투자 위험의 한 부분입니다.

그리고 법적 위험은 채권투자나 매매와 관련해 법이 새로 생기거나 개정되면서 생기는 위험입니다.

채무불이행 위험, 중도상환 위험

채무불이행 위험

채권을 발행한 자는 정해진 기간에 정해진 이자와 원금을 반드시 갚아야 합니다. 그런데 여러 가지 사정으로 갚지 못하는 경우가 발생할 수도 있습니다. 이것이 채무불이행 위험입니다. 채무의 의무를 이행하지 않는 위험이지요. 채권투자에서 가장 치명적인 위험이라고 할 수 있는 것입니다. 돈을 빌려 간 사람이 돈을 갚는 것이 당연한데 그런 가장 기본적인 약속을 지키지 않으면 정말 황당하겠지요. 돈을 빌려준 사람은 돈 받을 것을 예상하여 이 돈을 어디에 다시 투자할지, 아니면 운용자금으로 활용할지 모두 생각해 놓았을 텐데 이렇게 펑크가 나버리면 정말 난감한 일이 아닐 수 없습니다.

채무불이행 위험은 아니지만 이에 버금가는 위험도 있습니다. 신용위험이라고 하는 것입니다. 채권을 발행한 자의 신용등급이 낮아져서 채권 가격이 하락하는 경우입니다. 신용등급이 높을수록 낮은 금리를 적용받고 신용등급이 낮을수록 높은 금리를 적용받습니다. 어제까지 멀쩡하게 A등급을 받아 낮은 금리를 적용받았는데 갑자기 B등급을 적용받아 높은 금리를 적용받으면 채권의 가치가 그만큼 낮아지게 됩니다. 만기까지 가지고 있다가 원금과 이자를 돌려받으면 다행이지만 이렇게 신용등급이 낮아지면 만기에 원금과 이자를 제대로 돌려받을 확률도 같이 줄게 되어 더욱 가슴을 졸일 수밖에 없습니다.

신용스프레드가 벌어지는 경우도 있습니다. 신용스프레드는 채권의 금리와 동일한 만기의 국채금리와의 차이를 말합니다. 신용스프레드가 낮을수록 우량한 채권입니다. 신용스프레드가 낮다는 것은 국채금리와 큰 차이가 나지 않는다는 것이고 그렇다면 국채금리와 비슷한 신용을 가지고 있다고 보아도 좋습니다.

반면 신용스프레드가 높을수록 불량한 채권입니다. 신용스프레드가 높다는 것은 국채금리와 큰 차이가 난다는 것이고 그렇다면 국채금리의 신용과는 매우 차이가 난다는 것을 의미하기 때문입니다.

중도상환 위험

콜옵션이라고 하는 것이 있습니다. 콜옵션은 채권을 발행한 자가 만기가 되기 이전이라도 본인이 갚고 싶을 때 갚을 수 있는 권리입니다. 그리고 콜옵션부 채권이란 채권을 발행한 자가 만기가 되기 이전이라도 본인이 갚고 싶을 때 갚을 수 있는 권리가 부여된 채권입니다.

손오공은 채권 금리가 5%인 콜옵션부 채권을 발행했습니다. 시간이 지나고 손오공이 채권시장을 살펴보니 지금 발행하면 7%에 채권을 발행해야 합니다. 이자 부담이 늘어난 것이지요. 중간에 갚을 이유가 없습니다. 그래서 손오공은 계속 채권을 그냥 가지고 갑니다. 그러다 다시 시간이 지나고 손오공이 다시 채권시장을 살펴보니 지금 발행하면 3%에 발행할 수 있을 것 같습니다. 그럼 손오공은 금리 5%인 콜옵션부 채권을 갚고 새로 금리 3%로 채권을 발행합니다.

채권을 발행한 손오공 입장에서는 아주 유익한 채권이었던 셈입니다.

하지만 채권을 산 입장에서는 계획이 흐트러지게 됩니다. 애초에 기대했던 기대수익률을 맞추지 못하기 때문이지요. 이런 것을 중도상환 위험이라고 합니다. 채권을 발행한 자가 중도에 상환함으로써 채권을 산 자가 기대수익률을 맞추지 못하는 위험이라고 해석할 수 있겠습니다.

유동성위험

둥근 컵에 든 물은 둥근 모양을 보이고, 네모난 그릇에 들어간 물은 네모난 모양을 보입니다. 물같이 이리저리 다니면서 변화하는 모습을 보이는 것을 흔히 유동성이라고 표현합니다. 경제학에서는 기업의 자산이나 채권을 현금화하는 것을 유동성이라고 표현합니다. 유동성이 높다는 것은 쉽게 현금화할 수 있다는 뜻이고 유동성이 낮다는 것은 현금화하기 어렵다는 뜻입니다. 예를 들어서 국가가 보증하는 국채 같은 것은 언제든지 사는 사람이 있으니 유동성이 높습니다. 하지만 무명 화가의 그림은 사려는 사람이 없으니 유동성이 낮습니다.

채권을 팔려고 할 때 사려는 사람이 많으면 유동성이 높습니다. 하지만 채권에 문제가 있든지, 아니면 자금 시장의 돈줄이 말랐을 때는, 채권을 팔려고 해도 사려는 사람이 없고, 그래서 유동성이 낮습니다. 이런 경우에는 제값을 받지 못하고 더 낮은 가격으로 팔아야 합니다.

일반적으로 신용등급이 높은 채권의 유동성은 높고 신용등급이 낮은 채권의 유동성은 낮습니다. 금융위기 같은 상황이 오더라도 국채의 경우는 사려는 사람이 있고 그래서 유동성이 높습니다. 하지만 신용등급이 낮은 회사의 경우는 사려는 사람이 없고 그래서 큰 폭으로 할인을 해야만 겨우 사는 사람이 나타납니다. 신용이 낮은 회사가 신용이 높은 회사보다 훨씬 큰 변동 폭을 보입니다. 그래서 신용등급이 낮은 채권에 투자해야 하는 경우에는 투자의 만기와 채권의 만기를 일치시키는 것이 필요합니다.

얼마 전 백화점에 갔습니다. 저녁 시간이었는데 초밥을 50% 할인해서 팔더군요. 마감 시간이 다 되어 가는데 팔리지는 않고, 그렇다고 초밥을 다음 날 팔 수도 없으니 50%라도 건지려고 대폭 할인해서 파는 것이었습니다. 채권도 마찬가지입니다. 돈은 필요한데 팔리지는 않으니 대폭 할인해서 팔 수밖에 없는 것이지요. 이런 것을 바로 유동성위험이라고 합니다. 경기 회복기에는 아무래도 유동성이 풍부해서 유동성위험이 낮고 경기 침체기에 접어들면서 점점 유동성위험이 증가합니다.

매수-매도 스프레드(Bid-Ask Spread)

유동성에 관한 가장 일반적인 지표는 스프레드라고 합니다. 사고 싶은 가격인 매수 호가와 팔고 싶은 가격인 매도 호가의 차이지요. 이 호가 차이가 작을수록 유동성이 높다고 할 수 있고 호가 차이가 클수록 유동성이 낮다고 할 수 있습니다. 예를 들어 손오공은 제주도에서 감귤 농사를 짓고 있습니다. 그리고 육지에 사는 홍길동은 감귤을 사고 싶어 합니다. 손오공은 한 박스에 5만 원에 팔겠다고 합니다. 그런데 홍길동은 1만 원에 사겠다고 합니다. 그나마 1만 원에 사겠다고 하는 사람은 홍길동 혼자뿐입니다. 이런 경우는 거래가 잘 성사되지 않겠지요. 이런 경우는 유동성이 부족하다고 표현합니다.

하지만 5만 원에 팔겠다고 한 감귤을 49,900원에 사겠다고 많은 사람들이 대기하고 있으면 이는 유동성이 풍부하다고 표현합니다. 49,900원에 사겠다고 한 사람 중에 성질 급한 사람이 있으면 그냥 5만 원에 살 수도 있고 아니면 5만 원에 팔겠다고 한 손오공이 1백 원 정도는 양해할 수 있다며 49,900원에 팔 수도 있기 때문이지요.

Chapter 7

채권투자 전략

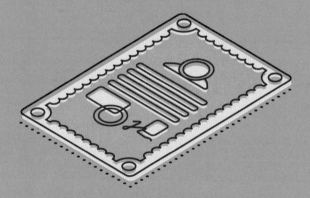

채권을 이용해서 어떻게 수익을 극대화할 수 있을까 하는 것이 채권투자 전략입니다. 채권투자 전략에는 크게 소극적 전략과 적극적 전략이 있습니다.

소극적 전략은 수익률 전망이 불투명하거나 큰 변동이 없을 것이라고 판단될 때 취하는 전략입니다. 추가 수익을 올리기보다는 시장 평균수익률에 만족하겠다는 마음이 바닥에 깔려있습니다. 그래서 가급적 위험을 최소화하면서 투자를 구사하겠다는 전략입니다. 소극적 전략은 기본적으로 '금융시장은 이미 효율적이다'라는 전제에서 시작합니다. 모든 정보가 이미 현재의 채권 가격에 반영되어 있으므로 내가 아무리 노력하고 고민해봤자 현재 이용 가능한 정보로는 초과 수익을 낼 수 없다, 라는 생각입니다. 이것을 조금 유식한 말로는 효율적 시장가설이라고 합니다.

소극적 전략으로는 만기보유전략, 인덱스 전략, 면역전략, 사다리형 만기전략, 바벨형 전략이 있습니다.

만기보유전략

만기보유전략은 소극적 전략의 가장 대표적인 전략입니다. 사실 이 전략은 전략이라고 할 것도 없습니다. 채권을 일단 매입하면 만기까지 그냥 가져가는 것이니까요. 거창하게 전략이라고 할 것도 없지만 그래도 중요한 것이 채권에는 고정된 이자가 지급된다는 점입니다. 물론 아무 채권이나 그냥 매입해서 가져가지는 않습니다. 채권을 매입할 때 투자 기간과 듀레이션을 일치시켜야 합니다. 시장 수익률보다 높은 수익률을 바라지 않는다는 점에서 적극적인 채권 매매를 할 필요는 없습니다.

시세가 변하고 만기가 없고 배당금이 변하는 주식 같은 경우에는 만기보유전략이 무의미한 전략이 되겠지만, 채권은 만기가 있고 이자가 미리 정해져있기 때문에 '이 채권을 보유하고 있으면 현금흐름이 이렇게 되겠구나. 만기가 되면 얼마가 지급되겠구나.' 하는 미래의 수치가 현재 시점에서 예측 가능하기 때문입니다. 그래서 단순히 채권을 사서 보유하고 있는 것을 조금 거창하게 '만기보유전략'이라고 하는 것입니다.

그렇다고 모든 만기보유전략이 안전한 것은 아닙니다. 우량한 채권을 만기까지 가지고 가는 것은 현금흐름에 아무 문제도 없으나, 부실한 채권을 만기까지 가지고 가는 것은 위험부담이 따릅니다. 예를 들어서 국채를 만기까지 가지고 가는 만기보유전략은 안전한 투자의 대명사로 여겨지지만, 신용등급이 낮은 회사채를 만기까지 보유하는 전략은 채무불이행 위험에 노출되어 있기 때문에 안전하다고 할 수 없습니다.

인덱스 전략

인덱스 전략은 종합채권지수로 포트폴리오를 구축하는 전략입니다. 인덱스로 포트폴리오를 구축하면 좋은 점은 자의적인 시장 예측이 필요 없다는 점입니다. 종합채권지수가 만기별, 섹터별, 종목별 대표성을 가지고 있어 결국 시장 전체를 복제하기 때문입니다. 더군다나 인덱스 전략을 구사하는 상품들은 상대적으로 매매

회전율이 낮아 거래 비용도 적고 운용 수수료도 낮다는 특징이 있습니다.

인덱스 전략이 무게감을 얻는 이유는 몇 가지가 있습니다. 적극적 전략을 해 봤자 그다지 수익이 좋지 않더라는 점, 자문 수수료를 적극적 전략에 비해 절감할 수 있다는 점, 인덱스 전략을 선호하는 투자자가 존재한다는 점, 적극적 전략은 실수할 경우 시장 수익률과 큰 차이가 날 수 있지만 인덱스 전략은 실수해도 시장 수익률과 큰 차이가 나지 않는다는 점 등입니다.

물론 단점도 존재합니다. 포트폴리오 구성에 제약이 존재하고, 좋은 투자 기회가 있어도 포기해야 한다는 점은 인덱스 전략의 단점입니다.

소극적 전략 2

채권으로 인해 벌어들이는 수익은 크게 두 가지입니다. 이자소득과 자본소득입니다. 이자소득은 채권을 보유하고 있음으로써 받는 이자를 말하고, 자본소득은 채권을 사고팔아 그 차익을 얻는 것입니다. 소극적 전략은 이자소득에 집중하는 전략이고 적극적 전략은 자본소득에 집중하는 전략이라고도 할 수 있겠습니다.

소극적 전략의 또 다른 전략은 다음과 같습니다.

면역전략

면역전략은 가격위험과 재투자위험을 활용해서 안정적으로 투자수익을 추구하는 전략입니다. 자금 운용 기간을 듀레이션과 일치시키는 전략이지요. 이렇게 해 놓으면 채권수익률의 변화에 따른 위험을 예방할 수 있기 때문에 면역전략이라고 합니다.

예를 한 번 들어보겠습니다. 홍길동은 3년 뒤에 돈이 필요합니다. 그래서 듀레이션도 3년으로 맞추어 놓았습니다. 3년 동안 금리가 오르면 채권 가격은 하락하지만 투자 기간 중 받는 이자, 그리고 만기가 되었을 때 받는 원리금으로 재투자에 나설 수 있어 재투자 수익은 늘어납니다. 반대로 금리가 내리면 채권 가격은 상승하겠지만 재투자 수익은 감소합니다. 채권 가격과 재투자 수익이 서로 상쇄되면서 결국 채권의 수익은 시장금리의 변동에 크게 영향을 받지 않는 면역을 보이게 됩니다.

사다리형 만기전략

사다리형 만기전략은 만기를 사다리 형태로 만드는 것입니다. 시장 전망과 관계없이 포트폴리오 내의 채권 만기를 기계적으로 나누어서 가져갑니다. 1년 만기, 2년 만기, 3년 만기, …… 30년 만기. 이런 식으로 계속 분산해서 가져가는 것이지요. 이렇게 가지고 있다가 보유 채권이 만기가 되면 이 돈으로 다시 장기채에 투자하면서 지속적으로 만기를 일정하게 유지시켜 주는 전략입니다. 이렇게 해 놓으면 단기채, 중기채, 장기채가 골고루 들어가 있어서 시장금리도 평준화시킬 수 있고 위험도 같이 분산시킬 수 있습니다. 단기채가 만기가 되면 자연스럽게 자금이 확보되어 유동성 문제도 해결할 수 있습니다. 단기채가 없는 경우에 유동성 문제가 발생한다면 채권을 매각할 수밖에 없지만 사다리형 만기전략을 사용하는 경우는 늘 초단기채가 포트폴리오 내에 있다 보니 유동성 문제도 해결되는 장점이 있습니다. 이 전략은 예상하기 힘든 채권시장의 변화와 현금흐름의 변동에 적절히 대비하는 전략입니다.

바벨형 전략

만기를 바벨(아령) 모양으로 가져가는 것입니다. 그래서 단기채와 장기채에만 투자하고 중기채에는 투자를 하지 않습니다. 단기채의 장점은 유동성이 높아 돈이 필요할 때는 언제든지 매도할 수 있다는 점입니다. 장기채의 장점은 수익률이 높고 다른 자산과의 전체 포트폴리오 성과를 높일 수 있다는 점입니다. 단기채와 장기채의 장점에 주목하여 위험분산 효과도 높이고 유동성을 높이는 전략입니다.

바벨형 전략과 반대되는 전략은 불렛형 전략입니다. 바벨형 전략은 단기채와 장기채로만 구성하고 중기채는 포함시키지 않습니다만, 불렛형 전략은 단기채와 장기채를 포함시키지 않고 중기채로만 구성합니다. 이 전략은 기대수익률이 우수한 특정 만기 구간에 집중하여 투자하는 경우에 사용하는 적극적 전략의 하나입니다.

03 적극적 전략 1

적극적 전략은 안정성보다는 수익성에 초점을 맞추고 있습니다. 다소의 위험은 감수하더라도 매매 타이밍을 잘 잡아서 투자수익을 극대화하겠다는 전략입니다. 적극적 전략은 기본적으로 '금융시장은 비효율적이다'라는 전제에서 시작합니다. '모든 정보가 현재의 채권 가격에 반영되어 있는 것은 아니다, 따라서 내가 시장의 정보를 좀 더 찾아내고 나의 뛰어난 능력을 발휘하면 충분히 초과 수익을 올릴 수 있다'라는 생각입니다. 하지만 제대로 하지 못하면 오히려 손실 폭이 더 커질 수도 있는 단점이 있습니다.

적극적 전략으로는 수익률 예측전략, 추세 전략, 수익률곡선타기 전략, 교체매매 전략, 스프레드 운용전략이 있습니다.

수익률 예측전략

적극적 전략의 가장 대표적인 것이 수익률 예측전략입니다. 수익률을 예측해서 이에 맞추어 매매를 한다는 것입니다. 채권수익률의 하락이 예상될 때는 장기 채권이나 표면금리가 낮은 채권을 매입하고 듀레이션을 길게 가져갑니다. 채권수익률의 상승이 예상될 때는 단기 채권이나 표면금리가 높은 채권을 매입하고 듀레이션을 짧게 가져갑니다.

채권수익률 하락이 예상되면 잔존 기간이 긴 채권을 가지고 있어야 그 효과를 누릴 수 있고 표면금리가 낮은 채권이 수익률 변화에 더 민감하니 이런 채권을 통해서 수익을 극대화하겠다는 전략이지요. 반대로 채권수익률 상승이 예상되면 잔존 기간이 짧은 채권을 가지고 있다가 만기가 되면 이 돈을 재투자하는 것이 더 효율적이고 표면금리가 높은 채권은 수익률 변화에 덜 민감하니 이런 채권을 통해서 리스크도 관리하겠다는 것이지요.

또한, 경기가 호전될 때에는 단기채 중심으로 매입하고 경기가 후퇴할 때에는 장기채 중심으로 매입하는 전략입니다. 경기가 호전되면 아무래도 향후 금리도 올라갈 가능성이 크니 향후를 생각해서 단기채를 샀다가 만기가 되면 재투자하고, 경기가 후퇴할 때는 아무래도 향후 금리도 낮아질 가능성이 크니 향후를 생각해서 장기채를 사서 수익을 극대화하겠다는 전략이지요.

이건 개인들도 마찬가지인데요, 목돈을 운용하기 위해서 1천만 원을 은행 정기예금에 가입한다고 가정해 봅시다. 만일 앞으로 금리가 지금보다 내려갈 것 같으면 긴 기간, 예를 들어 3년 정기예금에 가입하고 반대로 금리가 지금보다 올라갈 것 같으면 짧은 기간, 예를 들어 1년 정기예금에 가입하잖아요.

기간이 긴 정기예금에 가입하는 경우에는 금리가 올라감에 따라 불이익을 당할 수 있습니다. 대표적인 경우가 외환위기 직후입니다. 외환위기 직전에 정기예금에 가입한 사람들은 12% 안팎의 확정금리를 은행으로부터 약속받았습니다. 하지만 외환위기가 시작되자 금리는 천정부지로 치솟아 채권형 투자신탁의 경우는 연수익률 30%를 제시하는 상품까지 등장하게 되었습니다. 이때 자금을 단기간으로 운용하던 사람들은 장기형 상품으로 갈아탈 수 있었습니다. 또한 금리에 민감한 사람들은 과감하게 기존의 정기예금을 해지하고 채권형 투자신탁에 투자하여 큰 수익을 얻을 수 있었습니다.

반대로 금리의 하락이 예상되는 경우에는 최대한 자금을 장기 상품으로 운용해야 합니다. 기간이 짧은 정기예금보다는 기간이 긴 정기예금을 이용하는 편이 유리합니다. 확정금리로 하락 전 금리를 적용받을 수 있기 때문에 금리 차이만큼 이익입니다. 수익률 예측전략은 바로 이와 같은 전략입니다.

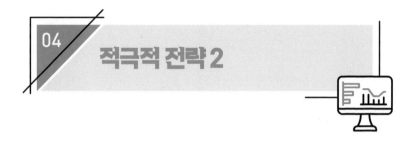

04 적극적 전략 2

추세 전략

추세 전략은 시장의 추세를 따르는 전략입니다. 추세란 현재의 흐름이 상승 흐름인지 하락 흐름인지를 나타냅니다. 추세 전략은 시장에서 추세가 한 번 나타나면 계속 이어진다는 경험에서 출발합니다. 그래서 금리가 하락할 때에는 지속적으로 채권을 매수하거나 듀레이션을 늘리거나 장기채 중심으로 매수하고 반대로 금리가 상승할 때에는 채권을 매도하거나 듀레이션을 줄이거나 단기채 중심으로 매수하는 것입니다.

수익률곡선타기 전략

수익률곡선은 채권의 만기와 수익률의 관계를 나타내는 곡선이며 일반적으로 우상향의 모습을 보이고 있습니다. 그리고 곡선의 기울기는 여러 가지 변수에 따라 항상 변합니다. 수익률곡선타기 전략은 향후 수익률곡선의 기울기가 어떻게 변화하느냐에 따른 전망을 근거로 이루어집니다.

이 부분은 일반인이 이해하기 어려운 부분이니 그냥 소개 차원에서 말씀드리겠습니다.

먼저 수익률 곡선의 기울기가 평탄해질 것으로 예상하면 단기 채권을 매도하고 장기 채권을 매수합니다. 수익률곡선의 기울기가 가팔라질 것으로 예상하면 단기 채권을 매수하고 장기 채권을 매도합니다. 중기 채권이 고평가되어 향후 중기 채권의 금리가 상대적으로 더 상승하거나 덜 하락할 것으로 전망하는 경우 단기와 장기 채권 중심의 포트폴리오 전략을 구사합니다. 중기 채권이 저평가되어 향후 중기 채권의 금리가 상대적으로 덜 상승하거나 더 하락할 것으로 전망하는 경우 중기 채권 중심의 포트폴리오 전략을 구사합니다.

교체매매 전략

교체매매의 기본 생각은 간단합니다. 내가 가지고 있는 채권보다 더 좋은 채권이 나타나면 그것에 투자하고, 내가 가지고 있는 채권보다 더 좋은 채권이 없으면 현재 보유하고 있는 채권을 그대로 보유한다는 전략입니다. 채권시장의 상황에 따라 탄력적으로 대응하고 순발력 있게 움직이는 전략이지요. 주로 시세차익이나 이자 수입, 세금 등에서 유불리를 따져 판단하곤 합니다.

스프레드 운용전략

스프레드 운용전략은 비싼 것은 팔고 싼 것은 사는 전략입니다. 채권 종목 간에 수익률 격차가 발생했을 때 상대적으로 수익률이 낮아진 채권을 팔고 수익률이 높아진 채권을 사는 것입니다.

신용스프레드는 국고채와 회사채 간의 금리 차이를 말합니다. 국고채 대비 회사채 금리의 스프레드가 지나치게 확대되어 향후 축소가 예상된다면 회사채를 매수하고 동일 만기의 국고채를 매도합니다. 반대로 국고채 대비 회사채 금리의 스프레드가 지나치게 축소되어 향후 확대가 예상된다면 회사채를 매도하고 동일 만기의 국고채를 매수합니다.

신용등급 스프레드 전략도 있습니다.

AA등급 회사채 금리와 A등급 회사채 금리 간의 스프레드가 지나치게 축소되어 향후 두 등급 간의 금리 스프레드가 확대될 것으로 예상된다면 A등급 회사채를 매도하고 AA등급 회사채를 매수합니다. 반대로 AA등급 회사채 금리와 A등급 회사채 금리 간의 스프레드가 지나치게 확대되어 향후 두 등급 간의 금리 스프레드가 축소될 것으로 예상된다면 A등급 회사채를 매수하고 AA등급 회사채를 매도합니다.

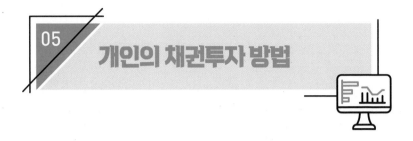

05 개인의 채권투자 방법

직접투자와 간접투자

개인이 채권에 투자할 수 있는 방법은 직접투자와 간접투자로 나누어집니다. 직접투자는 말 그대로 내가 직접 채권을 정해서 매매하는 것이고 간접투자는 채권형 펀드에 돈을 넣고 맡기는 것, 그리고 채권형 ETF를 활용하는 것입니다.

채권은 증권회사를 통해서 매매할 수 있습니다. 대형 증권사일수록 다양한 채권을 가지고 있기 때문에 채권의 직접매매를 염두에 두고 계시다면 자본금 규모가 큰 대형증권사(미래에셋증권, 한국투자증권, NH투자증권, 삼성증권, KB증권 등)로 가시는 것이 편합니다.

혹은 채권 ETF를 활용하는 것도 한 방법이 되겠습니다. 하지만 금리가 상승할 때에는 채권 ETF에서도 손실이 발생합니다. 더 큰 문제는 국내에 상장되어 있는 채권 ETF의 거래가 극히 부진하다는 것입니다.

일자	시가	고가	저가	종가	전일대비		등락률	거래량	거래대금	외인보유	외인비중
2023/01/05	56,670	56,720	56,580	56,685	▲	15	0.03	945	53	368	0.02
2023/01/04	56,515	56,725	56,515	56,670	▲	45	0.08	2,012	114	368	0.02
2023/01/03	56,370	56,640	56,370	56,625	▲	270	0.48	4,597	260	140	0.01
2023/01/02	56,340	56,475	56,340	56,355	▼	35	0.06	3,059	172	198	0.01
2022/12/29	56,830	56,830	56,385	56,390	▼	35	0.06	876	49	195	0.01
2022/12/28	56,430	56,490	56,385	56,425	▼	65	0.12	3,156	178	248	0.01
2022/12/27	56,615	56,615	56,485	56,490	▼	80	0.14	5,478	309	109	0.01
2022/12/26	56,600	56,685	56,545	56,570	▼	30	0.05	1,055	59	109	0.01
2022/12/23	56,670	56,680	56,540	56,600	▼	50	0.09	2,247	127	109	0.01
2022/12/22	56,595	56,700	56,520	56,650	▲	75	0.13	28,071	1,588	1,066	0.05
2022/12/21	56,465	56,635	56,420	56,575	▲	110	0.19	119,158	6,732	520	0.02
2022/12/20	56,675	56,685	56,415	56,465	▼	245	0.43	7,912	446	695	0.03
2022/12/19	56,775	56,775	56,675	56,710	▼	5	0.01	1,911	108	756	0.04
2022/12/16	56,670	56,745	56,670	56,715	▼	10	0.02	707	40	583	0.03
2022/12/15	57,000	57,000	56,655	56,725	▲	65	0.11	589	33	674	0.03
2022/12/14	56,585	56,660	56,560	56,660	▲	150	0.27	3,571	202	674	0.03
2022/12/13	56,550	56,585	56,485	56,510	▼	35	0.06	3,137	177	486	0.02
2022/12/12	56,465	56,610	56,465	56,545	▼	80	0.14	131,322	7,417	655	0.03
2022/12/09	56,545	56,555	56,455	56,465	▼	45	0.08	3,786	214	425	0.02
2022/12/08	56,535	56,550	56,460	56,510	▲	30	0.05	179,505	10,132	477	0.02

위 표는 KODEX 국고채3년 ETF 상품입니다. 거래가 제일 많이 된 날은 18만 주 거래가 되어 하루 거래대금이 101억 원에 육박합니다만, 거래가 제일 적게 된 날은 589주로 거래대금이 3천3백만 원밖에 안 됩니다. 10만 주 이상 거래된 날이 한 달 사이에 3번 정도이고 1만 주 이하로 거래된 날이 16일이나 됩니다. 거래가 활발히 이루어져야 자유롭게 매매가 이루어지는데 하루에 1만 주도 거

래가 제대로 되지 않는다면 유동성에 문제가 발생할 수 있습니다. 혹시 채권 ETF를 활용하고 싶은 분들이 계시다면 반드시 거래량을 체크한 다음에 매매하시길 권유해 드립니다.

결국 채권에 대한 투자는 간접투자인 채권형 펀드가 가장 합리적일 것 같습니다.

채권형 펀드에 가입하기 위해서 가장 쉽게 찾을 수 있는 곳은 은행과 증권회사입니다만 은행보다는 증권사에서 가입하는 것을 권합니다. 증권사 직원들이 은행원보다 채권에 대한 지식과 정보가 풍부하기 때문입니다.

채권 ETF(Exchange Traded Funds, 상장지수펀드)

채권 ETF는 많은 채권으로 하나의 포트폴리오를 구축하여 거래할 수 있게 만든 것입니다. 채권 ETF의 장점은 분산투자를 가능하게 한다는 점입니다. 여러 개의 종목으로 구성되기 때문에 한두 채권의 단기 재료에 민감하게 반응하지 않습니다.

채권 ETF는 특정 채권이 아닌 포트폴리오를 대상으로 하기 때문에 개별 채권에 대한 위험에서 벗어날 수 있습니다. 개별 채권에 투자하면 시장위험에 개별위험까지 부담해야 하지만 ETF는 시장위험만 감수하면 되는 장점이 있습니다. 이 외에도 소액투자자에게 유리한 접근성, 투자판단의 용이성, 적은 자금으로 채권시장 전체에 대한 투자가 가능하다는 효율성, 분산투자 효과, 운용의 투명성 등의 장점이 있습니다.

채권형 펀드

채권형 펀드는 여러 사람이 돈을 모아 채권 펀드매니저라고 하는 전문가에게 운용을 맡기는 것입니다. 물론 전문가라고 해서 높은 수익이 담보되지는 않습니다. 금리가 급등할 때는 손실이 발생하기도 합니다. 아무래도 채권시장 상황이 좋으면 성과가 좋고 채권시장 상황이 나쁘면 성과도 나쁩니다.

채권형 펀드의 장점은 포트폴리오가 구축된다는 것입니다. 국채, 지방채, 회사채 등 다양한 채권과 다양한 기간으로 구성합니다. 채권형 펀드는 여러 사람이 돈을 모으다 보니 큰 금액이 형성되어 많은 종목으로 포트폴리오를 구축하는 것이 가능합니다.

펀드에 대해 조금만 더 설명을 드리기로 하겠습니다.

추가로 돈을 불입할 수 있는지 없는지에 따라 추가형과 단위형으로 구분합니다. 추가형은 돈을 더 넣고 싶으면 언제든지 넣을 수 있지만, 단위형은 더 넣을 수 없습니다. 추가형은 최초에 설정한 금액 이외에 추가적으로 설정이 가능하지만, 단위형은 최초에 설정한 금액으로만 운용하기 때문입니다.

중간에 돈을 찾을 수 있는가 없는가에 따라 개방형과 폐쇄형으로 구분합니다. 개방형은 필요한 시점에 돈을 자유롭게 찾을 수 있고 폐쇄형은 중간에 찾는 것이 금지돼 있습니다.

주식에 종합주가지수가 있듯이 펀드에는 기준가가 있습니다. 펀드의 기준가는 펀드의 현재가치를 평가해서 나타내주는 숫자입니다. 펀드에는 '좌'라고 하는 단위가 있습니다. 펀드에 가입할 때에는 몇 좌를 매입했다고 하고 이후에도 모든 것이 기준가로 평가됩니다.

펀드가 처음 시작될 때는 1,000좌당 가격을 1,000원으로 나타냅니다. 펀드의 평가가치가 올라가면 1,000좌당 가격이 1,012.34원, 1,023.45원 하는 식으로 올라가고 펀드의 평가가치가 내려가면 1,000좌당 가격이 987.65, 975.31 하는 식으로 내려갑니다.

기준가가 변하는 이유는 펀드에 가입하는 시기에 따라 그 가치가 다르기 때문입니다. 똑같은 1천만 원을 펀드에 투자하더라도 평가가치가 높아 기준가가 1,050일 때에는 9,523,809좌밖에 매입하지 못합니다. 하지만 평가가치가 낮아 기준가가 950일 때에는 10,526,315좌나 매입할 수 있습니다. 평가가치가 높을 때 가입한 사람은 좌수를 적게 배정받고 평가가치가 낮을 때 가입하는 사람은 좌수를 많이 배정받습니다. 기준가가 높을 때에는 작은 좌수를 매입하고 기준가가 낮을 때에는 많은 좌수를 매입하는 것은 결국 같은 가치만큼 매입하는 것을 의미합니다. 이렇게 함으로써 평가가치가 올라갈 때 가입한 사람과 내려갈 때 가입한 사람 쌍방에게 공평한 분배가 이루어집니다.

펀드에 가입하면 비용이 발생합니다. 펀드 수수료는 펀드를 판매한 대가로 판매회사에 지급하는 판매보수와 자산운용사에 지급하는 운용보수로 나누어집니다. 여기에 수탁보수, 사무관리보수 등이 더해집니다. 보수는 펀드 순자산 총액의 일정비율로 산정되는데 통상 공사채형의 경우 0.05~0.25% 정도 됩니다.

채권형 펀드의 리스크

주식형 펀드와 달리 채권형 펀드는 거의 대부분 손실이 발생하지 않습니다. 하지만 금리가 단기간에 급격하게 상승하거나 큰 이슈가 발생하면 손실이 발생합니다. 금리가 단기간에 급격하게 상승한 경우에는 계속 보유하고 있으면 됩니다. 채권의 이자가 자본손실을 커버하기 때문입니다. 하지만 큰 이슈가 발생하였을 때에는 손실이 극복되지 않는 경우도 있습니다. 대표적인 예가 대우사태입니다.

한때는 삼성과 현대와 더불어 우리나라 3대 재벌인 대우그룹의 이야기입니다.

1967년 3월 자본금 5백만 원으로 시작한 대우실업은 1998년 41개 계열사, 25만 명의 종업원을 거느리는 거대기업으로 성장하였습니다. 당시 대우의 위상은 삼성, 현대에 버금가는 것이었습니다. 하지만 세계 경영을 부르짖으면서 과도한 부채를 떠안은 것이 부메랑으로 돌아와 결국은 그룹의 부실로 연결되었습니다. 1990년대 중반 이후 자금난을 겪어오던 대우는 현금 확보를 위하여 총 100억 달러에 달하는 채권을 발행하였고, 그 결과 1999년 3월 대우그룹의 부채비율은 400%로 늘어나게 됩니다. 이처럼 경영부실에 빠지게 된 직접적인 원인은 외환위기로 인한 고금리였습니다. 차입의 존도가 높았던 대우로서는 연 20%가 넘는 고금리를 감당하지 못하여 빚을 얻어서 빚을 갚는 악순환이 반복되었던 것입니다.

금융시장이 불안해지자 1999년 8월, 결국 대우 채권에 대한 환매 제한 조치가 취해집니다. 국내에 유통 중인 18조 가량의 채권을 90일 내에 환매하면 50%, 180일 내에 환매하면 80%, 180일이 넘어가면 95%를 지급한다는 내용이었습니다. 결국 이 조치로 많은 투자자들이 원금손실을 겪어야 했습니다.

Chapter 8

새로운 채권의 등장

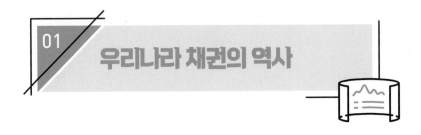

　우리나라의 채권시장은 1970년대 이전까지만 하더라도 회사채는 존재하지 않았고 국공채 위주로 유지되어 왔습니다. 또한 국공채 중에서도 지가증권과 건국국채가 주류를 이루었습니다.

　1949년에 있었던 농지개혁은 토지를 농민들에게 돌려주기 위한 것이었습니다. 소작농이 농토를 배정받는 대신 지주에게는 정부에서 5년 만기로 토지대금을 반환하는 지가(地價)증권을 발행했습니다. 하지만 인플레가 극심할 때여서, 지가증권의 상환기간이 5년이라는 것은 그냥 몰수하는 것과 다름없었습니다. 그리고 1950년에 발생한 한국전쟁으로 인하여 지가증권은 헐값에 매매되었습니다. 남과 북이 싸운 한국전쟁에서 남측이 발행한 지가증권은 남측이 전쟁에서 패하게 되면 휴지조각으로 전락할 채권이었기 때문입니다.

최초의 증권파동

최초의 증권파동은 주식이 아니라 채권에서 발생했습니다.

1958년 일어난 증권파동은 최초의 조직적인 담합에 의한 가격 조작 사건이었습니다. 또한 합법적으로 체결된 매매 행위를 무효화시켰습니다. 합법적인 매매 행위가 무효화될 수 있었던 것은 청산거래 제도였기 때문입니다. 즉, 결제 기간 내에는 얼마든지 사고팔 수 있었으며 결제일에 매매 쌍방이 차금을 정리하면 되는 시스템이었습니다. 따라서 대부분의 거래가 이러한 차금을 노리는 투기적인 성향이 짙었습니다.

애초 정부에서는 통화정책에서 오는 인플레이션을 억제하기 위하여 1950년부터 3년 거치 뒤 매년 20%씩 상환하고 이자는 5%로 하는 건국국채를 발행하였습니다. 당시의 건국국채는 원 취득자가 헐값에 팔아버려 투자수익률이 무척 높았습니다. 세제 혜택도 컸고 활용도 면에서도 입찰 및 계약의 보증금이나 금융 부담보로 사용할 수 있어 인기가 좋았던 채권이었습니다. 또한 1956년 10월 국채의 원금분할상환 원칙이 계기가 되어 원금상환과 이자 지급이 보장되는 안전한 투자 대상으로 떠올랐고 안정성과 수익성이 확보된 국채는 자연스럽게 거래가 증가하게 되었습니다.

1958년 새해 예산안에 제11호 180억 환의 국채 발행이 포함되어 있었으나 국회는 11회부터는 중단하자는 태도를 보여 상반된 견해를 보였습니다. 만약 국채 발행이 중단될 경우 각종 건설공사 등의 보증금에 갈음할 수 있었던 국채 가격이 올라갈 것은 뻔한 상황이었습니다. 이에 따라 28환(액면가 100환 기준)까지 하락했던 제10회 국채 가격은 35환으로 상승하였고 국회재경위가 180억 국채 발행을 삭제해 버리자 40환에 육박하게 되었습니다. 이때 국회의 번복으로 제11회 건국국채 180억 환의 발행안은 무수정 통과되었고 제10회 국채는 하루아침에 폭락세로 반전하여 24환까지 하락하였습니다. 이렇게 되자 당황한 매수측은 하락세를 멈추기 위해 38.15환까지 억지로 끌어 올렸으나 1월 16일 오전 재무부장관의 기자회견으로 다시 10환이 폭락하였습니다. 하지만 오후에 들어 매수측은 다시 무모한 매수로 시세를 45환까지 끌어올렸고 미결제약정은 42억 7,300만 환을 기록하게 되었습니다. 이렇게 되자 매수측과 매도측 모두 증거금을 결재할 돈이 부족하게 되었고 증권거래소에서는 17일 오전 장을 중지시키고 전날 거래분에 대해서 약정대금의 50%를 납부토록 조치하였습니다. 그러나 매수측은 결재를 하지 못했고 사태의 심각성을 깨달은 정부는 결국 1월 16일분 10회 국채 청산거래의 무효를 선언하게 되었던 것입니다.

회사채 시장의 등장

1972년 동아제약이 최초로 회사채 발행을 공모하였는데 이것이 우리나라 회사채 발행의 시초가 됩니다. 그리고 이 한 해 동안에 29개 회사가 35회에 걸쳐 99억 원어치를 발행하였습니다. 회사채 발행은 1973년 하반기부터 기울기 시작한 주가 하락의 영향으로 1974년부터 다시 크게 증가하게 되는데 특히 대한비타민이 일반 공모에 의한 전환사채를 발행하여 처음으로 증권거래소에 상장하기도 하였습니다.

1976년에는 정부의 채권시장육성책에 힘입어 112건, 863억 원의 회사채 발행 실적을 올렸고 1977년에는 1,765억, 1978년에는 3,263억, 1979년에는 6,246억 원을 나타내기도 하였습니다. 이렇게 회사채 발행이 늘어나게 되자 비례적으로 채권에 대한 선호

경향도 높아지게 되었습니다. 채권의 수익률이 다른 금융상품에 비해서 훨씬 높았기 때문입니다. 1979년의 채권수익률은 25% 내외에서 움직일 정도였는데 당시 정기예금 금리가 20% 선이었던 데 비해 연 25%짜리 회사채는 실제수익률이 30%를 넘기기도 하여 10% 이상의 초과 수익을 가져올 수 있었습니다. 더군다나 주식은 회사가 망하면 휴지조각이 되어버리지만 그 당시의 채권은 대부분이 보증채여서 회사가 망하더라도 떼이지 않는 점이 큰 매력이었습니다.

국채시장

1995년부터 수출이 부진하고 투자도 축소되었으며 경상수지 적자도 점차 확대되었습니다. 이러한 경쟁력 약화는 1997년도에 접어들면서 대기업 부도로 이어졌습니다. 1997년도 한 해 동안 무려 1만 7천여 개의 업체들이 쓰러졌습니다. 이렇게 많은 기업들이 부도를 내게 되자 금융기관의 부실채권 규모도 급격하게 늘어났습니다. 결국 우리나라는 IMF 체제로 들어갈 수밖에 없었으나 IMF의 자금지원이 결정된 직후에도 금융시장의 불안은 계속되었습니다. IMF와의 협의하에 금융긴축을 강화함으로써 시장금리는 가파른

상승세를 보였습니다. 1997년 11월 중순 13% 수준에서 등락을 보이던 채권수익률은 12월 하순에 30% 수준까지 상승하였습니다. 이때를 피크로 이후 채권수익률은 점차 하락하게 됩니다. 또한 회사채 시장 중심에서 국채시장 중심으로 변하게 됩니다.

전환사채는 채권은 채권인데 일정한 조건이 충족되면 주식으로 전환할 수 있는 권리가 부여된 채권입니다. 우리나라에서는 1963년 쌍용양회가 액면이자율 10%, 만기 6년으로 사모 발행한 것이 최초입니다.

전환사채의 예를 한 번 들어보겠습니다. 홍길동은 A라고 하는 회사의 전환사채를 가지고 있습니다. 전환 가격은 10,000원입니다. 지금 A 회사 주가는 15,000원입니다. 그럼 홍길동은 채권을 주식으로 전환해서 5,000원의 차익을 획득할 수 있습니다. 만일 A 회사 주가가 8,000원이라고 하면 홍길동은 전환하지 않습니다.

주식으로 전환하면 2천 원의 손해를 보아야 하니까요.

그래서 전환사채는 나에게 유리하면 전환하고 나에게 불리하면 전환하지 않는 그런 채권입니다. 이런 좋은 점이 있다 보니 이자는 매우 낮습니다. 투자자의 입장에서는 이자보다 전환에 초점을 두다 보니 설령 이자가 낮더라도 주식 전환을 통해서 큰 수익을 기대할 수 있습니다. 대신에 만기까지 보유하는 경우에는 만기보장수익률을 별도로 지급합니다. 물론 장점만 있는 것은 아닙니다. 발행 기업이 부도가 나거나 파산할 경우에는 원리금을 제대로 받지 못할 수도 있습니다.

전환하고 나면 채권은 주식으로 바뀌기 때문에 채권은 없어집니다. 새로이 돈이 들어갈 필요는 없습니다. 사채 금액만큼 주식으로 전환되기 때문입니다. 전환하기 전에는 채권자의 신분이었다면 전환한 후에는 주주로 신분이 바뀌는 것입니다.

전환사채의 투자는 공모에 참여하여 배당받거나 유통시장에서 직접 사는 두 가지 방법이 있습니다.

후순위 전환사채라고 하는 것도 있는데 이는 주식으로 전환할 수 있는 권리는 전환사채와 동일하지만 기업이 망할 경우 변제 순위에 있어서는 일반사채보다 뒤지는 채권을 말합니다.

전환사채 투자 예

2001년 1위 건설업체인 현대건설은 현대그룹의 위기로 큰 어려움에 처하게 되었습니다. 당시 진로가 불투명했던 현대건설은 감자와 채권단의 출자전환이 확정되면서 회생 쪽으로 가닥이 잡히기 시작했습니다. 이때 채권에 밝은 사람들은 현대건설 전환사채에 대해 관심을 갖기 시작하였습니다. 2001년 12월 31일 만기인 현대건설 전환사채는 178회, 187회 두 종류가 있었습니다.

홍길동은 2001년 3월 현대건설 전환사채 187회를 3,500원에 1천만 원 어치를 매수합니다. 그해 연말 홍길동의 손에 쥐어진 돈은 3천5백만 원이었습니다. 1천만 원을 투자해서 3천5백만 원을 손에 쥐었으니 3.5배의 수익을 거둔 것입니다.

홍길동보다 좀 늦게 투자했지만 2001년 5월경에 현대건설 전환사채를 산 사람들도 6개월 남짓한 기간에 2배의 투자수익률을 올릴 수 있었습니다. 채권에 밝은 사람들은 채권을 통해 큰 수익을 올릴 수 있었던 것입니다.

하지만 실패 사례도 있습니다.

LG카드 전환사채는 2009년 1월 21일이 만기로, 표면금리 3%에 만기보장수익률은 8%이며 주가가 일정 수준 이상이 되면 주식으로 전환이 가능한 채권이었습니다. 하지만 LG카드의 경영 위기가 오면서 애초의 전환 가격은 14,027원이었으나 43.4:1로 감자한 후 전환 가격은 608,772원으로 변해 버렸습니다. 그로 인해 주식으로의 전환이 불가능해졌습니다.

신주인수권부사채
(BW, Bond with Warrant)

　　신주인수권부사채는 말 그대로 신주를 인수할 수 있는 권리가 부여된 채권입니다. 회사채 형식으로 발행되며 미리 정해진 가격으로 주식을 청구할 수 있는 권리가 부여됩니다. 신주인수권부사채도 전환사채와 같이 옵션을 행사할 수 있는데 주가가 신주발행 가격보다 높으면 신주를 배정받아 그 차액을 노리고 주가가 신주발행 가격보다 낮으면 신주를 받지 않으면 됩니다. 투자자 입장에서는 투자의 안정성과 수익성을 동시에 만족시켜 주는 장점이 있습니다.

　　전환사채와 다른 점은 전환사채는 주식으로 전환 후에는 채권으로서의 기능을 상실하지만 신주인수권부사채는 행사 후에도 사채가 존속하기 때문에 확정 이자 및 원금을 확보할 수 있다는 것입니다. 신주 취득은 채권의 금액 내에서 이루어지며 발행 이율도 일반사채와 전환사채의 중간 정도에서 이루어집니다. 또한, 권리행사 전에는 채권자의 신분에서 권리행사 후에는 주주+채권자로 신분이 바뀝니다.

외환위기가 한창이던 1998년 정도로 기억합니다. 당시 신한은행은 BIS 기준을 맞추기 위해 유상증자를 실시하였습니다. 하지만 이 당시 주가는 액면가 밑에서 거래되고 있어서 아무도 증자에 응하려 하지 않았습니다. 이에 신한은행은 성공적인 증자를 위해서 신주인수권부사채라는 인센티브를 제시하였습니다. 지금의 신한은행은 우리나라에서 손꼽히는 은행이지만 그 당시에는 생긴 지 20년도 되지 않은 신생은행이었거든요. 이때 신한은행은 그냥 채권을 발행하면 채권이 팔리지 않으니까 당근을 붙여서 팔자라고 생각합니다. 그래서 유상증자를 할 때 신주를 인수할 수 있는 신주인수권부사채를 발행했고 실제로 모두 팔렸습니다. 그리고 이때 신주인수권부사채를 매입한 사람들은 신한은행 신주를 싼 가격에 사서 큰 시세차익을 올리기도 하였습니다.

흔히 주식에서는 큰 수익이 발생해도 채권에서는 큰 수익이 발생하지 않는다고 하는데요, 신주인수권부사채의 경우에는 큰 수익이 발생하기도 합니다.

참고로 신주인수권부사채를 영어로 BW라고 하는데요, 이때의 W는 Warrant를 의미합니다. 그리고 Warrant는 주식이나 채권, 외환 등에서 정해진 수량을 미리 약속한 값에 매매할 수 있는 권리를 말합니다.

신주인수권부사채와 전환사채로 가장 큰돈을 번 사람은?

신주인수권부사채와 전환사채로 가장 큰돈을 번 사람은 이재용 삼성그룹 회장이 아닐까 합니다. 이건희 전 삼성그룹 회장의 장남인 이재용 회장은 1995년 부친으로부터 60억 원을 증여받아 에버랜드의 대주주가 됩니다. 그런데 이 과정을 자세히 들여다보면 전환사채의 역할이 무척 컸음을 알 수 있다. 에버랜드는 전환사채 129만 주를 발행합니다. 전환 가격은 7,700원이었습니다. 당시 에버랜드는 용인 에버랜드와 여러 개의 골프장을 보유한 국내 최대의 부동산 회사였고 자산 가치는 약 4조 3천억 원에 달했습니다.

비상장 회사였기 때문에 정확한 주가 산정은 할 수가 없지만 대체적으로 주당 8만 7천 원에서 23만 원 정도의 가치를 평가받고 있었습니다. 7,700원에 전환하면 못해도 11배, 잘하면 30배 정도의 이익을 누릴 수 있습니다. 그런데 이상한 점은 이런 좋은 조건을 당시의 에버랜드 주주들이 모두 포기했다는 것입니다. 당시의 에버랜드 주주들이 누구였나? 제일모직, 중앙일보, 삼성물산, 신세계 등 모두 삼성과 관련된 회사들이었죠. 전환사채는 주주들이 권리를 포기하면 제 3자에게 배정할 수 있습니다. 이때 이재용 회장은 전환사채의 절반을 배정받게 됩니다.

4조 3천억 원에 달하는 회사의 61.5% 지분을 96억 원에 사들인다는 것은 놀라운 일입니다. 결국 이재용 회장과 그의 동생들은 96억 원으로 수조 원에 달하는 회사의 최대 주주가 되면서 큰 수익을 얻게 된 셈입니다.

또한 1999년 삼성SDS의 신주인수권부사채를 인수하는 과정에서도 주당 7,150원의 싼 가격으로 배정받아 큰 수익을 올렸습니다. 당시 장외거래에서는 SDS 주식이 주당 54,500원에서 57,000원에 거래되고 있었습니다. 이 과정에서 삼성그룹 계열사를 이용해 막대한 부를 챙겼고 이와 관련해 국세청으로부터 6백억 원 규모의 증여세를 부과받기도 하였습니다.

지금은 법이 개정되어 이런 맹점이 보완되어서 비슷한 사례가 나타나지 않습니다.

교환사채
(EB, Exchangeable Bonds)

교환사채는 일정한 조건에 따라 채권을 발행한 회사가 보유하고 있는 다른 회사의 주식으로 전환할 수 있는 권리가 부여된 채권입니다. 전환사채와 다른 점은 채권 발행사의 주식을 받느냐 아니면 채권 발행사가 보유한 다른 회사의 주식을 받느냐 하는 것입니다. 최초의 교환사채는 1989년 선경(현재의 SK)이 유공(현재의 SK이노베이션)의 주식을 대상으로 발행한 것입니다. 두 회사 모두 SK그룹의 회사들이었습니다. 이 외에도 한국코트렐이라고 하는 회사가 국민은행 주식을 교환 대상으로 교환사채를 발행한 적도 있고 삼표제작소가 포스코 주식을 교환 대상으로 교환사채를 발행한 적이 있습니다.

예전에는 상장법인의 주식만을 대상으로 발행하였으나 이후 '상법'이 개정되면서 상장법인이 아니더라도, 그리고 상장된 주식이 아니더라도 발행할 수 있게 되었습니다.

교환사채는 사채가 발행 기업이 보유한 주식과 교환되는 것이기 때문에 보유 주식이라고 하는 자산도 감소하고 사채라고 하는 부채도 감소되어 자산과 부채가 동시에 감소하는 특징을 보입니다. 수시로 주식과 교환할 수 있고 추가적인 자금유입이 없다는 점은 신주인수권부사채와 다르고, 발행 기업의 자본금 증가가 이루어지지 않는다는 점에서는 교환사채와 다릅니다.

발행 기업은 보유하고 있는 상장주식을 시가대로 팔기 위한 수단으로 교환사채를 활용할 수도 있습니다. 발행 기업이 보유하고 있는 상장주식을 한꺼번에 팔게 되면 시장 충격 요인이 되어 주가가 하락하는 경우가 많습니다. 그러면 제값을 받고 팔 수가 없게 됩니다. 대신 교환사채를 이용해서 분할매도를 하게 되면 시장충격 요인이 없어져서 제값을 받고 팔 수 있게 됩니다.

교환사채에 투자한 투자자의 가장 큰 이점은 주식 수 증가로 인한 주가 하락이 없다는 점입니다. 전환사채나 신주인수권부사채의 경우 신주를 받으면 이 주식이 신규 공급량이 되어 매물 부담으로 주가가 하락하는 것이 일반적입니다. 하지만 교환사채의 경우 이러한 위험이 없다 보니 발행 이율도 전환사채보다 더 낮게 책정됩니다.

전환사채 vs 신주인수권부사채 vs 교환사채

구분	전환사채	신주인수권부사채	교환사채
권리의 종류	주식 전환권	신주인수권	교환권
권리행사	권리행사 후 사채 소멸	권리행사 후 사채 존속	권리행사 후 사채 소멸
권리행사 시 자금	신규 자금 불필요	추가 자금 필요	신규 자금 불필요
기업자산 규모	총자산 불변	총자산 증가	자산 감소, 부채 감소
권리행사 전 지위	사채권자	사채권자	사채권자
권리행사 후 지위	주주	주주＋사채권자	주주
신주 취득의 한도	사채 금액과 동일	사채 금액 범위 내	사채 금액과 동일
발행 이율	일반사채보다 매우 낮음	일반사채와 전환사채 중간	전환사채보다 낮음

이익참가부사채(PB, Parcipating Bond)

이익참가부사채는 투자자가 이자를 받는 것 외에 발행 기업의 이익에 참여할 수 있는 권리가 부여된 채권입니다. 사채의 경우는 이자를 받는 것으로 만족하고 주식의 배당과는 전혀 무관한 것이 일반적입니다. 다만 이익참가부사채는 사채에 주식의 성격을 더하여 이익 발생 시 이익배당에 참여할 수 있습니다. 이 사채는 발행하는 쪽에서는 저렴한 이자로 발행할 수 있어서 좋고, 또 이익배당에도 참여할 수 있으니 채권을 발행했을 때 잘 팔려서 좋고, 투자자는 발행 기업이 돈을 많이 벌면 이익배당에 참여할 수 있으니 좋아서 서로가 윈-윈하는 사채라고 할 수 있습니다. 주주 입장에서는 별로 좋을 것 같지는 않네요. 주주가 가져갈 배당을 이익참가부사채 채권자가 가져가면 그만큼 배당이 줄어들 테니까요. 하지만 채권자 입장에서도 만일 이익이 나지 않아 이익배당이 없으면 낮은 이자로 만족할 수밖에 없습니다.

이익참가부사채는 누적적 이익참가부사채와 비누적적 이익참가부사채로 나뉩니다. 누적적 이익참가부사채는 그해에 배당을 받지 못했을 경우 다음 해에 권리가 넘어가는 경우이고 비누적적 이익참가부사채는 그해에 배당을 받지 못하면 그것으로 그냥 소멸되는 채권입니다.

후순위채

채권을 발행한 기관이 파산하면 그 기관의 자산을 모두 정리하여 채권자에게 나누어줍니다. 후순위채는 말 그대로 다른 채권자들에게 부채가 모두 청산된 다음에 원리금을 반환받을 수 있는 채권입니다. 만일 다른 채권자들의 부채를 모두 갚다 보니 남는 게 없다면 아무것도 돌려받지 못하는 채권입니다.

신종자본증권은 주식과 채권의 성격을 동시에 가지고 있습니다. 주식의 성격을 가지고 있다는 것은 자본금으로 인정을 받는다는 것이고 채권의 성격을 가지고 있다는 것은 일정한 이자가 나온다는 것입니다.

신종자본증권이 '자본이냐? 부채냐?'에 대한 논란도 있었습니다. 신종자본증권이 자본이라고 보는 측에서는 신종자본증권이 보통주를 제외한 모든 채무에 비해서 후순위라는 점, 발행회사가 이자 지급을 유예하거나 생략할 수 있다는 점을 들어 자본이라고 주장했습니다. 다른 한편으로 신종자본증권이 부채라고 보는 측에서는 발행 후 일정 시점이 지났을 때 발행회사가 조기상환청구권을 행사할 수 있다는 점에서 사실상 상환을 유도하기 때문에 부채로 보아야 한다고 주장했습니다. 우리나라의 회계기준이 기업회계기준(K-GAPP)에서 국제회계기준(K-IFRS)으로 바뀌면서 신종자본증권은 부채에서 자본으로 분류되었습니다.

신종자본증권은 은행에서 많이 발행합니다. 은행에서 신종자본증권을 발행하면 이것을 자본으로 인정받기 때문입니다. 결국 은행에서는 자기자본 확충의 목적으로 신종자본증권을 발행하는 셈이 됩니다.

상환 순서는 후순위채에 투자한 사람들이 모두 돈을 돌려받고 남는 돈이 있으면 그때 원리금을 돌려받을 수 있습니다. 투자금을 요구할 수 있는 순서가 후순위채보다 더 후순위입니다. 또한 부실 금융기관으로 지정되면 원금의 전액 손실 우려도 있습니다. 전환형과 상각형이 있는데요, 전환형은 부실 금융기관으로 지정되어 원리금 상환이 어려울 때 은행 주식으로 전환되는 것이며 상각형은 날 그대로 없어지는 것입니다. 자본 비율이 기준 이하로 하락하게 되면 이자지급의 정지 또는 지급 제한 조건이 부여됩니다. 통산만기는 30년 이상이지만 5년이 지나면 콜옵션을 행사해서 상환합니다. 그래서 형식은 30년 이상이지만 실제로는 5년 만기로 볼 수 있습니다.

2022년 흥국생명은 11월 9일 만기인 5억 달러 규모의 신종자본증권에 대한 콜옵션을 행사하지 않겠다고 발표했습니다. 조기 상환 자금을 마련하려 했지만 금리가 인상되고 환율이 급등하면서 자본시장의 유동성이 악화되고 그래서 결국 콜옵션을 포기하기로 결정한 것입니다. 이렇게 되자 채권시장은 난리가 났습니다. 왜냐하면 채권시장에서는 암묵적으로 신종자본증권의 만기를 30년이 아닌 5년으로 보고 기관투자자들은 이에 맞추어 자금을 운용하기 때문입니다. 형식적으로는 30년이지만 실제로는 5년이다, 이것이 불문율이었죠. 그런데 그런 불문율이 깨져 버렸으니 모두 멘붕이 온 것입니다. 사태가 심각해지자 결국 흥국생명은 원래대로 콜옵션을 행사하기로 결정합니다.

참고로 금융기관이나 금융지주회사가 발행하는 콜옵션부 채권은 첫 번째 콜옵션 행사일에 옵션을 행사하는 것이 국제적인 관례입니다. 우리나라도 국제적인 관례에 따라 첫 번째 콜옵션일에 옵션을 행사하여 채권을 상환하고 있습니다.

제 기억으로 금융기관의 콜옵션부 채권이 행사되지 않은 경우는 2003년도에 외환은행에서 한 번 발생한 적이 있습니다. 이때는 외환은행의 대주주인 론스타와 우리나라의 금융당국이 신종자본증권의 특혜 발행 문제로 소송 중이었기 때문입니다.

신종자본증권 투자 예

2022년 8월 중소기업은행은 6천억 규모의 상각형 신종자본증권을 발행합니다. 영구채로 발행되며 발행 후 5년 후 콜옵션을 가지고 있습니다. '형식은 영구채이지만 5년이 지나면 콜옵션을 행사해서 원리금을 상환해 주겠다.'는 뜻입니다.

금리는 4.6%로 발행하며 지급방식은 매 분기 지급하는 것으로 합니다.

부채가 자산을 초과하는 경우 원리금 상환의무는 없어지며 총자본 비율이 10.5%를 하회할 경우에도 이자 지급이 제한됩니다.

기업은행의 신용등급은 AA이며 주주 구성은 기재부가 63.7%를 보유하고 있습니다. 중소기업은행의 신용평가 등급, 자본 비율, 정부의 지원 가능성을 고려하였을 때 원금 상가 및 이자 미지급 가능성은 희박하다고 보아 많은 기관투자자가 투자에 참여한 바 있습니다.

상환전환우선주(RCPS, Redeemable Convertible Preferred Stock)

상환전환우선주는 우선주의 일종입니다. 하지만 채권의 성격을 강하게 가지고 있어 채권으로 인식됩니다. 정해진 배당이 나온다는 점에서 어떻게 보면 주식이기도 하지만 어떻게 보면 채권이기도 하기 때문입니다.

상환전환우선주는 일정한 조건에 따라 보통주로 전환될 수 있는 전환권이 있는 주식이지만 국제회계기준에서는 자본이 아니라 부채로 봅니다.

상환전환우선주는 보통주에 비하여 우선적으로 배당을 받고 잔여재산에 대해서도 우선적인 권리를 가지고 있습니다. 상환전환우선주에 투자한 투자자는 장래의 일정한 기간에 보통주식으로 전환하거나 이익으로 상환할 수 있는 권리를 가집니다.

배당을 못 주는 경우는 어떻게 될까요? 그래도 부도는 나지 않습니다. 채권이었다면 부도가 났을 텐데 우선주, 즉 주식으로 분류되니 부도는 나지 않습니다.

2008년 K 사에서는 안전성과 수익성을 갖춘 최적의 구조라면서 상환전환우선주를 발행합니다. 그러면서 상환전환우선주의 장점으로 1) 발행자가 상환을 보장함으로써 원금 회수의 불확실성이 제거되고 2) 합리적인 수준의 배당수익을 보장함으로써 보유기간 중 안정적인 수익의 확보가 가능하며 3) 주가 상승 시 보통주로 전환함으로써 투자수익을 누릴 수 있고 4) 전환권 행사 기간 종료 후 배당률 상승에 따른 추가 배당수익의 확보가 가능하다는 점을 강조했습니다. 또한 혹시라도 배당을 못 줄 경우 그 배당은 사라지지 않고 그다음 해에 누적적으로 지급한다고 했습니다.

총 발행 금액은 1,200억 원이며 최초 표면 배당률은 5%지만 전환권 행사 기간이 만료되고 3년이 지나면 9%로 상승한다고 했습니다, 하지만 K 사의 경영이 악화되어 배당을 지급하지 못하다가 2022년이 되어서야 누적배당금을 지급한 사례가 있습니다.

전자단기사채

전자단기사채를 설명하기 전에 기업어음(CP, Commercial Paper)부터 먼저 설명해 드려야 할 것 같습니다. CP는 기업이 자신의 신용을 담보로 발행하는 어음입니다. 채권에 비해 간편하게 발행할 수 있습니다. 기업 입장에서는 급한 자금의 융통에 많이 활용합니다. 3개월 이내인 CP는 증권신고서를 제출해야 하는 의무가 없어서 보통 3개월 단위로 발행했습니다. 번거로운 행정적 절차 없이 신속하게 자금을 조달하기에 매우 편했습니다.

증권신고서를 제출해야 하는 의무가 없다 보니 금융당국에서는 많이 불편해했습니다. 누가 얼마나 발행했는지도 알 수 없고, 누가 CP를 사는지도 알 수 없었기 때문입니다. 그러다가 사고가 터집니다. 바로 동양 사태입니다. 동양그룹의 증권사인 동양증권에서는 규정을 어겨가며 동양그룹의 CP를 잘게 쪼개서 신탁으로 팔았습니다. 이 때 피해를 본 사람들은 대부분 개인투자자들이었습니다.

이러한 폐단을 막기 위해서 전자단기사채가 등장합니다. 전자단기사채는 말 그대로 증권의 실물 없이 전자적으로 발행되고 유통되어 예탁결제원의 관리를 받는 단기사채입니다. 전자단기사채의 발행 요건은 각 사채의 금액이 1억 원 이상이어야 하고, 만기는 1년 이내여야 하고, 사채 금액은 한꺼번에 납입해야 하고, 만기에 원리금 전액을 한꺼번에 지급하여야 하고, 전환권 등이 없어야 하고, 사채에 담보를 붙이지 않아야 한다는 조건이 있습니다.

전자단기사채, 줄여서 전단채라고 부르는데요, 전단채는 할인채의 특징을 가지고 있습니다. 예를 들어서 만기 3개월, 이자가 4%인 10,000원 채권을 9,900원에 할인해서 사고 만기에 10,000원을 받는 방식입니다. 만기가 3개월이다 보니 발행 시에 증권신고서 제출이 면제되고, 그래서 3개월 만기로 계속 발행을 이어갑니다. 전단채는 부동산과 관련된 PF전단채가 가장 흔합니다. 만일에 중간에 무슨 일이 생기면 증권사가 책임지고 해결합니다. 전단채에 문제가 생겼는데 증권사까지 문제가 생겼다면 그때는 방법이 없습니다. 그래서 전단채 거래 시에는 가급적 재무구조가 안정적인 대형사 위주로 거래하시는 것이 좋습니다.

구조화 채권

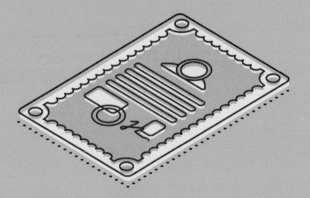

구조화 채권(Structured Note)은 채권의 원리금이 금리, 주식, 통화 등의 기초자산 변동에 연계된 상품으로 액면가, 이자, 만기를 투자자의 구미에 맞게 구조화해서 만든 신종 채권입니다. 채권과 파생상품이 결합되어 만들어집니다. 채권을 발행하는 곳은 투자자에게 맞춤형 현금흐름을 만들어주고, 위험은 파생상품시장에 넘기는 구조입니다.

구조화 채권의 종류는 신용과 연계된 것, 주식과 연계된 것, 통화와 연계된 것, 금리와 연계된 것, 보험과 연계된 것, 원자재와 연계된 것 등 다양합니다.

구조화 채권에는 몇 가지 특징이 있습니다. 언제나 살 수 있는 상품이 아니라 기간이 정해져 있다는 것입니다. 일정한 모집 기간을 정하여 판매하는 단위형 상품입니다. 또 투자자가 사전적으로 기대수익률 예측이 가능하다는 점입니다. 발행사나 운용사의 운용능력보다 신용위험 등 안전성이 중요한 상품이며 예금상품과 같이 월 이자 지급식으로 가입이 가능한 상품도 있고 원금보장, 부분보장, 비보장 등 손익구조가 다양합니다. 주식, 금리, 환율, 원자재 등 다양한 기초자산의 선택이 가능하며 전통적인 투자상품과 분산투자 시 효율적으로 포트폴리오를 구축하는 것이 가능하다는 것도 장점입니다.

　몇 가지 용어들에 대한 이해는 있어야 할 것 같습니다.

　먼저 발행사란 발행 주체로서 수익구조에 따른 원리금 지급 의무를 부담합니다. 만일 발행사가 파산한다면 기초자산의 수익구조와 무관하게 손실이 발생합니다. 기초자산은 손익구조에서 가장 직접적인 영향을 주는 요소이며 일반적인 펀드와 달리 만기가 존재합니다. 조기상환 가격 및 평가 주기를 표시하는 조기 상환조건이 있으며 중도 환매조건은 매우 까다롭습니다.

　(제9장 구조화 채권은 필자의 또 다른 저서 《나의 첫 대체투자 공부》에서 인용한 것임을 밝힙니다.)

01 신용연계채권

먼저 신용과 연계된 것은 전통적인 채권의 구성 요인인 채무불이행 발생, 즉 돈을 갚지 않는 리스크와 연계된 채권입니다. 채무불이행에 대한 보험을 제공하는 계약으로 국가나 회사채 등 각종 채권의 헤지에 이용됩니다. 이를 CDS(Credit Default Swap, 신용부도스왑)라고 하는데요, 신문에서 한 번쯤은 들어보셨을 것이라고 생각됩니다. 채권을 발행한 곳에서 돈을 갚지 않으면 대신 갚아주겠다고 약속하고 채권 발행자로부터 일정한 수수료를 받습니다. 이렇게 되면 채권을 매입하는 쪽은 안심하고 매입할 수가 있지요. 혹시 채권 발행자가 돈을 갚지 않더라도 대신 갚아주는 곳이 생겼으니까요. 대신 갚아주는 곳의 신용도 중요하겠지요. 대신 갚아주겠다고 하는 곳의 신용이 채권을 발행하는 곳보다 낮으면 아무 의미가 없으니까요. 그래서 대신 갚아주겠다고 하는 곳은 신용이 아주 높은 대형 금융기관이 됩니다.

채권을 발행하는 곳이 아주 안전한 곳이라면 채권을 보증해주는 곳에서는 프리미엄을 조금만 받습니다. 하지만 경제 상황이 나빠지거나 외부 환경이 악화되면 프리미엄을 올려 받습니다. 이렇게 프리미엄이 변하는 것만 보더라도 신용도가 어떻게 변하는지 파악할 수 있지요.

예를 한 번 들어보겠습니다. CDS 프리미엄이 80bp라고 하는 것은 80bp의 수수료를 받고 보증을 서준다는 의미입니다. 삼성전자의 CDS 프리미엄은 31.4bp입니다. 만일 삼성전자가 부도나면 내가 대신 물어주겠다고 약속하고 31.4bp, 즉 0.314%를 프리미엄으로 받는 것이지요. 다르게 해석하면 삼성전자가 부도날 확률이 0.314%라고 해석해도 좋겠죠. 금융기관이 받는 이 프리미엄은 금융기관으로서는 수입이 되는 부분입니다. 지금의 삼성전자 CDS 프리미엄은 31.4bp에 불과하지만 2011년 그리스를 비롯한 몇몇 나라들의 국가 채무불이행 위험 때에는 205.35bp까지

급등하기도 하였습니다. 재미난 것은 이때 한국의 CDS 프리미엄은 228.24였다는 것이지요. 다시 말해서 삼성전자가 부도날 확률이 대한민국이 부도날 확률보다 더 낮았다는 것입니다. 참고로 우리나라의 CDS 프리미엄은 29bp를 기록하고 있습니다만 2008년 금융위기 때에는 674bp를 기록하기도 하였습니다.

CDS의 활용

CDS는 어떻게 활용할 수 있을까요? 예를 하나 들어보도록 하겠습니다. 지금 어떤 회사의 회사채에 투자하면 6%의 이자를 받을 수 있습니다. 그런데 혹시 채권이 만기되기 전에 이 회사가 망하기라도 하면 투자한 사람은 원금도 모두 날릴 수 있습니다. 이자를 보니 투자하고 싶은데 혹시 망하면 어떡하나 하는 생각에 투자를 망설입니다. 이럴 때 CDS를 활용합니다. 이 회사의 CDS 프리미엄이 100bp, 즉 1%라고 가정합니다. 그럼 저는 이 채권을 사는 동시에 CDS 프리미엄으로 1%를 지급합니다. 만기까지 아무 일이 없으면 저는 6%의 이자와 1%의 비용으로 총 5%의 수익을 확보할 수 있습니다. 만일 회사가 부도가 나더라도 CDS 프리미엄을 받은 금융기관이 투자금을 모두 물어주니 손해가 없습니다. 이런 방식으로 금융상품을 설계할 때 결합해서 사용합니다.

참고로 CLN이라고 하는 것도 있습니다. CLN(Credit Linked Note, 신용연계채권)은 CDS를 채권으로 만든 것입니다. 즉, 기업에 대한 신용위험을 채권 형태로 전가하는 상품입니다.

TRS(Total Return Swap, 총수익스왑)는 채권 또는 자산 포트폴리오의 총 수익과 Libor+스프레드를 교환하는 계약입니다. 총수익 지급자가 총수익 수령자에게 채권의 총수익을 지급하면 총수익 수령자는 총수익 지급자에게 Libor+스프레드를 지급합니다. CDS가 신용에 국한되었다면 TRS는 신용뿐만 아니라 금리, 환율 등의 시장리스크도 모두 전이될 수 있습니다.

CDO(Collateralized Debt Obligation, 부채담보부증권)

CDO는 만기와 우량도가 상이한 채권을 모아 유동화시킨 신용파생상품으로 다양한 형태의 위험과 수익구조를 만들어냅니다. 일반적으로 CDO는 자산 간의 동시 부도 가능성을 낮추기 위해 서로 상관관계가 낮은 많은 수의 자산으로 구성됩니다. 투자자는 위험순위에 따라 선순위 투자자, 중순위 투자자, 후순위 투자자로 나눕니다. 수익이 들어오면 가장 먼저 선순위 투자자에게 지급하고 그다음에 중순위 투자자에게 지급하며 마지막으로 후순위 투자자에게 지급합니다. 선순위 투자자는 가장 먼저 이자를 지급받는 대신 수익률이 가장 낮고 중순위 투자자는 선순위 투자자보다 늦게 이자를 지급받는 대신 선순위 투자자보다 수익률은 높습니다. 후순위 투자자는 가장 뒤늦게 이자를 받는 대신 수익률이 가장 높습니다.

02 주식연계채권

주식과 연계된 것은 여러분들도 많이 들어보셨을 ELD(Equity Linked Deposit, 주가연동예금) 혹은 ELS(Equity Linked Securities, 주가연동증권)입니다.

ELD는 주가지수연동 정기예금으로 정기예금과 주가지수옵션을 결합하여 만든 구조화된 정기예금입니다. 원금의 일부 또는 정기예금에서 발생하는 이자를 코스피200 등과 연계된 주가지수옵션 또는 주식을 살 수 있는 권리에 투자합니다. 원금은 보장하면서 수익률은 주가지수가 상승하거나 하락하는 경우 사전에 약정된 수익구조에 의해서 결정됩니다. ELD, ELS는 금융공학이 발달함에 따라 등장한 금융상품입니다.

제 기억으로는 제가 증권회사에서 지점장을 하던 2002년에 당시 조흥은행에서 발행한 상품이 시초가 아니었나 합니다. 그때는 기초자산이 코스피200이었던 것으로 기억하는데 지금은 투자자가 원하는 수익 형태로 다양하게 나타나고 있습니다. 처음에 이러이러한 조건으로 수익이 발생한다고 약속하면 증권사는 이 약속을 지켜야 합니다. 조건이 충족되었는데도 증권사가 지급하지 않는 경우는 없습니다. 물론 증권사가 부도나면 돈을 찾을 수 없습니다. 그래서 증권사의 신용도가 중요한 상품입니다. 가급적 신용도가 높은 증권사가 발행한 상품에 가입해야 하는 이유입니다.

고객에게 상대적으로 높은 수익을 안겨주기도 하지만 손실이 발생했을 때에는 그 손실 폭이 크다는 단점이 있습니다. 그래서 어떤 투자자들은 "ELS는 먹을 땐 조금 먹고 까질 땐 왕창 까진다."며 폄하하기도 합니다. 또한 중간에 환매하기가 힘들어서 유동성에도 문제가 있습니다. 만일 중간에 환매를 하려고 하면 증권사에서 '신의성실의 원칙'에 따라 처리해 줍니다. 이 말은 증권사에서도 최선은 다하겠지만 제값 받고 환매하기가 힘들다는 이야기입니다. 따라서 주식연계채권에 가입할 때에는 중간에 환매하는 것은 고려하지 말고 투자해야 합니다.

원금보장형 ELS

ELS는 크게 원금보장형과 원금비보장형으로 나누어집니다. 원금보장형 ELS는 말 그대로 원금은 보장해 주는 ELS입니다. 투자 원금의 대부분은 우량 채권에 투자하고 일부만 옵션 복제 재원으로 사용합니다. 우량 채권에 투자한 금액과 이자를 합하면 기간이 경과한 후의 원금이 됩니다. 예를 들어 1년 만기 상품에 100만 원을 투자했다고 합시다. 금리는 2%입니다. 그렇다면 980,392원은 우량채권 매입에 사용합니다. 980,392원의 이자는 2%인 19,608원입니다. 980,392+19,608=1,000,000원이 되어 만기가 되면 원금을 돌려줄 수 있습니다. 증권사에서는 100만 원을 받아 980,392원은 우량 채권을 매입하고 나머지 19,608원으로 옵션 투자에 나섭니다. 옵션의 수익에 의해서 처음에 보장한 금액을 지급합니다. 만일 옵션 운용을 잘해서 이익을 남기면 그것은 증권사의 몫입니다. 투자자가 더 가져갈 수 없습니다. 반대로 옵션 운용을 잘못해서 손실이 나면 그것 또한 증권사의 부담입니다. 투자자에게 전가되지 않습니다. 이렇게 원금을 보장하면서도 기초자산의 변화에 따라 수익을 올릴 수 있는 것이 원금보장형 ELS의 장점입니다. 물론 원금을 보장하기 때문에 높은 수익을 제공하지는 않습니다. 높은 수익을 제공하는 것은 원금비보장형 ELS입니다. 원금이 손상될 위험이 있기 때문입니다.

상품구조는 방향성수익추구형, 범위형, 디지털형이 있습니다. 방향성수익추구형은 다시 상승수익추구형과 하락수익추구형으로 나눕니다. 상승수익추구형은 주가지수 하락 시 원본을 보존하고 상승 시 일정 비율을 적용하여 수익률이 정해지지만 상승률이 사전에 정한 숫자 이상을 터치하는 경우 원금 혹은 원금+리베이트만 지급합니다. 하락수익추구형은 주가지수 상승 시 원본을 보존하고 하락에 대한 일정 비율을 적용받는 구조입니다. 범위형은 기초자산 가격이 특정 범위 내에 있을 때는 사전에 정한 일정한 수익률을 지급받지만 벗어나는 경우 원금만 지급하는 구조입니다. 디지털형은 미리 정해진 조건이 충족되면 수익을 지급하고 그렇지 않으면 수익을 지급하지 않는 형태의 수익구조입니다.

원금보장형 ELS의 상품구조를 잠깐 예로 들어보겠습니다.

① 만기일까지 기초자산 중 어느 하나라도 최초 기준가격의 120% 초과로 상승한 적이 있거나 만기 평가가격이 기초자산 중 어느 하나라도 120% 초과한 경우에는 2%의 이율을 지급한다.

② 만기 평가일에 기초자산의 평가가격이 모두 최초 기준가격의 100% 초과 120% 이하인 경우에는 두 기초자산 중 가격변동률이 낮은 기초자산을 기준으로 상승분의 65%를 지급한다.

③ 만기 평가일에 기초자산의 만기 평가가격이 어느 하나라도 최초 기준가격의 100% 이하인 경우에는 2%의 이율을 지급한다.

이 상품은 아래와 같이 수익 기준을 설명하고 있습니다.

말로 하면 이해하기 어렵습니다. 아래의 그림을 보면 이해가 빠를 것 같습니다. 그림에서 보는 바와 같이 이 상품은 최악의 경우에도 2%의 이익은 챙기고 최고 15%의 이익까지도 기대할 수 있습니다. 이렇게 원금을 보장한다는 점이 원금보장형 ELS의 가장 큰 장점이지요.

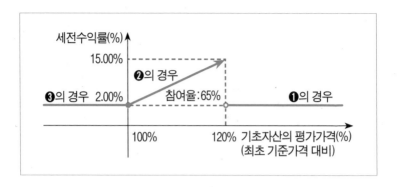

원금비보장형 ELS

원금비보장형 ELS는 말 그대로 원금을 보장하지 않습니다. 기초자산 가격의 변동 폭에 따라 수익률과 원금 손실률이 결정되는 구조입니다. 물론 그렇다고 손실이 자주 발생하지는 않습니다. 정확한 데이터는 없어 알 수가 없지만 제 경험에 비추어 보면 100번에 1번 정도는 손실을 보는 것 같습니다. 원금이 보장되지 않는 만큼 당연히 수익은 높습니다. 원금손실률에 제한이 있는지 그렇지 않은지에 따라 원금부분보장형과 원금비보장형으로 구분합니다. 원금부분보장형은 통상 원금의 80~95% 수준이 보장되는 구조이며 원금보장형의 구조와 유사합니다. 원금비보장형의 경우는 2스타라고 불리는 조기상환 방식의 스텝다운(step-down)형 구조가 가장 일반적입니다.

아래 그래프는 원금비보장형 ELS의 한 예입니다. A 종목과 B 종목이 있고 만기는 3년이며 6개월마다 조기상환 기회가 부여되는 상품입니다.

조기상환 조건은 6개월이 경과했을 때 두 종목 중 한 종목이라도 10% 이상 하락하면 안 됩니다. 두 종목 모두 10% 이상 하락하지 않으면 6.5%의 수익을 얻게 됩니다. 만일 10% 이상 하락한 적이 있으면 조기상환이 되지 않습니다.

1년이 경과되었을 때도 두 종목 중 한 종목이라도 10% 이상 하락하면 안 됩니다. 두 종목 모두 10% 이상 하락하지 않으면 13.0%의 수익을 얻게 됩니다. 만일 10% 이상 하락한 적이 있으면 조기상환이 되지 않습니다.

1년 6개월이 경과되었을 때는 두 종목 중 한 종목이라도 15% 이상 하락하면 안 됩니다. 두 종목 모두 15% 이상 하락하지 않으면 19.5%의 수익을 얻게 됩니다. 만일 15% 이상 하락한 적이 있으면 조기상환이 되지 않습니다.

2년이 경과되었을 때도 두 종목 중 한 종목이라도 15% 이상 하락하면 안 됩니다. 두 종목 모두 15% 이상 하락하지 않으면 26.0%의 수익을 얻게 됩니다. 만일 15% 이상 하락한 적이 있으면 조기상환이 되지 않습니다.

2년 6개월이 경과되었을 때는 두 종목 중 한 종목이라도 20% 이상 하락하면 안 됩니다. 두 종목 모두 20% 이상 하락하지 않으면 32.5%의 수익을 얻게 됩니다. 만일 20% 이상 하락한 적이 있으면 조기상환이 되지 않습니다.

다음은 만기 시의 상환조건입니다. 만기가 되었기 때문에 어떻게든 결정이 됩니다. 먼저 만기 3년이 경과되었을 때 두 종목 중 한 종목이라도 20% 이상 하락하지 않으면 39%의 수익을 얻게 됩니다.

두 종목 중 한 종목이라도 장중 포함 40% 이상 하락한 적이 없고 두 종목 중 수익률이 낮은 종목의 평가가격이 80% 미만인 경우에는 15%의 수익을 얻게 됩니다.

여기까지는 행복한 경우입니다. 하지만 다음과 같은 조건이 발생하면 손실이 발생합니다. 두 종목 중 한 종목이라도 평가가격이 장중 포함 40% 이상 하락한 적이 있는 경우, 수익률이 낮은 종목 기준으로 손실이 확정됩니다. 만일 두 종목 중 수익률이 낮은 종목이 50% 하락했다고 하면 절반만큼 손실이 발생하게 됩니다. 이론적이긴 하지만 최악의 경우 전액 손실이 발생할 수도 있습니다. 만일 어느 한 종목이라도 부도가 나서 가치가 0이 되었다면 한 푼도 건지지 못하는 최악의 상황이 발생할 수도 있습니다. 물론 이론적으로 그렇다는 이야기입니다. 아직까지 그런 사례는 없습니다.

이렇게 말로 하면 잘 이해가 가지 않을 겁니다. 아래 그림을 차분히 보면 쉽게 이해가 되리라 생각합니다.

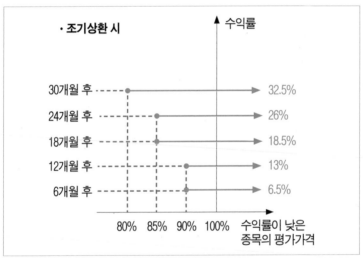

수익구조 그래프

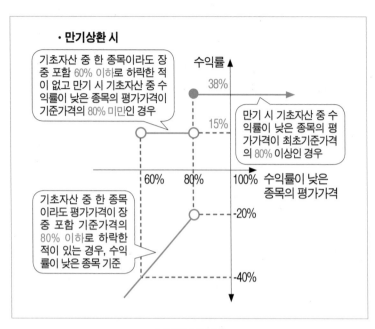

수익구조 그래프

03 금리연계채권

DLS

금리연계상품으로는 DLS(Derivative Linked Securiies, 파생결합증권)가 있습니다.

DLS의 예를 한 번 들어보겠습니다. 기초자산은 USD CMS 금리 10년물입니다. 미국 달러로 표기된 이자율스왑 금리 중 10년짜리가 기준입니다. CMS(Constant Maturity Swap) 금리란 만기가 일정한 스왑금리를 말합니다.

금리가 1.278% 이상이면 원금과 더불어 6%의 이자를 지급받고 그 이하로 떨어지면 손실을 보는 상품입니다. 1.278%라고 하는 숫자가 어떻게 나왔느냐고 하면 1962년 이후 미국의 CMS 금리 10년물의 최저점이 1.279%였기 때문입니다. 역사상 가장 저점이 1.279%인데 설마 이보다 더 낮은 1.278%를 가겠느냐는 판단에 이런 상품이 출시가 된 것이지요. 만일 금리가 1.278% 미만으로 하락하게 되면 61%의 손실을 보게 되고 1.10%까지 하락하게 되면 74%의 손실을 보게 되고 0.73% 이하로 하락하면 전액 손실을 보게 됩니다. 불행히도 저금리가 이어지면서 CMS 금리는 1.278% 를 하향 돌파하였고 급기야 1%도 깨졌습니다. 큰 손실이 불가피한 경우입니다.

DLB(Derivative Linked Bond, 파생결합사채)

DLB의 예를 한 번 들어보겠습니다. 2가지의 조건이 있습니다. 첫 번째는 ① USD CMS 금리 10년물이 6.0%보다 같거나 작은 경우이고 두 번째는 ② USD CMS 금리 30년물이 2년물보다 같거나 큰 경우입니다.

이 경우 ①과 ②를 모두 만족하는 일수가 해당 계산날짜의 3/4 이상인 경우에는 연 7.16%의 수익을 줍니다. 하지만 3/4 미만인 경우에는 연 7.16%×N/M으로 계산해서 수익을 줍니다. N은 ①과 ②

의 조건을 모두 만족하는 일수이고 M은 총 일수입니다. 요즘과 같은 저금리 시대에 10년물이 6%를 넘어가는 경우는 없다고 봐야 합니다. 또한 장기금리가 단기금리보다 낮아지는 경우도 거의 없다고 봐야 합니다. 하지만 2019년 8월 장기금리가 단기금리보다 낮아지는 일이 발생했습니다. 향후 경제가 침체될 것으로 판단하고 금리 역전이 일어난 것입니다.

DLB가 DLS와 가장 다른 점은 원금손실이 발생하지 않는다는 점입니다. 수익구조를 자세히 보시면 조건에 해당되는 날은 이자가 지급되고 조건에 해당되지 않는 날은 이자가 지급되지 않습니다. 즉, 이 상품의 경우 최악의 시나리오는 이자가 하루도 지급되지 않는 경우입니다. 원금은 보존됩니다. 앞서 설명 드렸던 DLS는 원금손실의 우려가 있지만 DLB는 원금손실의 우려가 없습니다. 일반적으로 채권의 경우는 만기까지 보유할 경우 원금손실의 우려는 없습니다. DLB도 채권의 일종이다 보니 원금손실이 발생하지 않는 것입니다.

물론 예외는 있습니다. 이 상품을 발행한 발행사에 문제가 생겨 부도가 날 경우에는 원금 및 이자를 지급받지 못합니다. 이런 상품은 대부분 골드만삭스, 시티, 바클레이즈, 모건스탠리, 노무라 등 쟁쟁한 금융기관들이 발행합니다. 그래서 원금이 보장된 금융상품으로 보셔도 될 것 같습니다. 하지만 방심은 금물입니다. 2008년 리만 브라더스가 파산했습니다. 당시 리만 브라더스는 골드만삭스, 모건스탠리, 메릴린치에 이은 세계 4위의 투자은행이었습니다. 세계적인 금융위기가 발생하였고 그 과정에서 리만 브라더스는 사라졌습니다. 만일 세계적인 금융위기가 다시 온다면 아무리 큰 금융기관이라도 파산의 위험에서 완전히 자유로울 수는 없습니다. 그럴 경우에는 원금이 보장되지 않습니다.

또 하나 리스크도 있습니다. 환율이 변동되면서 수익률이 하락할 가능성도 있습니다. 해외에 투자하는 것이다 보니 달러로 투자합니다. 만기가 되면 달러로 돌려받습니다. 만일 환율이 상승했다면 그만큼 손실이 발생합니다. 이를 방지하기 위하여 환 헤지를 합니다. 그런데 금융상황이 아주 혼란스러워서 환 헤지 비용이 생각보다 많이 들 때가 있습니다. 이렇게 되면 수익률에 큰 영향을 미칩니다.

DLF(Derivative Linked Fund, 파생결합펀드)

DLF는 DLS를 펀드로 만든 것입니다. 따라서 DLS와 같은 상품으로 이해하셔도 됩니다. DLS는 이론적으로 100% 손실이 발생할 수 있습니다. 하지만 그런 일은 2019년 여름 전까지는 일어나지 않았습니다. 하지만 2019년 여름, 거의 일어나지 않을 것 같았던 100% 손실이 실제로 발생하였습니다.

독일 국채 10년물 금리연계 DLS에 투자하는 펀드였습니다. 이 펀드의 구조는 금리가 -0.25% 이상인 경우에는 연 4%의 이자를 지급하고 -0.25% 미만으로 하락할 경우에는 하락 폭에 250배의 손실 배수를 곱한 비율로 원금이 손실되는 구조였습니다.

예를 들어 0.01%가 하락하면 여기에 250배를 곱한 2.5%의 손실이 발생합니다. 따라서 0.4% 이상 하락하면 여기에 250배를 곱한 100%, 즉 원금을 모두 손실하게 됩니다. 물론 이 상품을 팔 때에는 설마 금리가 마이너스까지 가겠느냐는 생각이 지배적이었지만 어쨌든 일은 벌어졌고 83억 원 정도가 판매된 이 펀드는 결국 물거품이 되어버렸습니다.

나중에 확인을 해 보았더니 독일 금리연계형 DLS의 평균 손실률은 -44%였으며 90% 이상 손실을 본 액수는 전체 1,217억 원의 15% 수준인 186억 원이었습니다. 만기에 따라 수익은 극과 극이었습니다. 9월 말에서 10월 초에 만기였던 경우는 -90~-100%

사이였으며 10월 중순에는 -40~-50%였고 11월에는 오히려 1.9%의 수익을 낸 경우도 있었습니다.

여기서 제가 좀 아쉬웠던 점은 이 펀드를 파는 외국계 IB에서 상품 판매 및 헤지를 하면서 3.43%의 수익을 가져갔고 은행은 펀드를 팔면서 1%의 수익을 가져갔습니다. 그리고 증권사는 DLS를 발행하면서 0.39%의 수익을 가져갔고 자산운용사는 펀드를 운용하면서 0.11%를 가져갔다는 점입니다. 4.93%의 수익은 금융기관이 가져갔고 고객은 돈을 모두 손해 봐야 했으니 참 아이러니하다고 말하지 않을 수 없습니다.

04 보험연계채권

보험은 개인이나 기업이 불의의 사고로 입게 되는 경제적 손실을 보상해 주는 제도입니다. 크게 생명보험과 손해보험으로 나눕니다. 우리가 흔히 알고 있는 교보생명은 생명보험회사이고 삼성화재는 손해보험회사입니다. 생명보험은 사람의 생존과 사망에 관련된 보험입니다. 종신보험같이 죽으면 보험금이 나오는 보험이 있고 연금보험같이 살아있어야 보험금이 나오는 보험도 있습니다. 생명보험의 경우는 미리 약속된 보험금이 지급되기 때문에 보험회사에서는 지급해야 할 금액에 맞추어서 운용하고 있습니다. 손해보험은 재산적인 손해를 입었을 경우 실제 손해액을 보상해

주는 것입니다. 생명보험같이 정해진 금액이 아니라 실제 손해가
난 금액을 보상해 주는 것이다 보니 상황에 따라 회사가 감당하기
어려울 정도로 큰 금액을 지급해야 할 때도 있습니다. 이런 경우를
대비해서 보험회사는 다시 보험에 가입합니다. 이를 재보험이라
고 합니다. 즉, 재보험은 보험회사의 배상책임을 부담해 주는 제도
입니다.

보험회사의 담보력 부족을 이유로 큰 재해보험의 인수를 거절
한다면 정상적인 영업이 어려워지고 보험의 사회보장적인 공익성
측면에서도 부작용이 초래될 수 있습니다. 그래서 보험회사는 큰
재해보험도 일단 인수하고 위험의 종류 및 크기에 따라 자기가 부
담할 수 있는 한도액을 정하고 그 한도액을 초과하는 위험을 재보
험에 전가합니다.

이 과정에서 등장한 것이 보험연계채권(ILS, Insurance Linked
Securities)입니다.

보험연계채권의 예

예를 한 번 들어보도록 하겠습니다.

미국의 허리케인에 대한 보험입니다. 보장범위는 1조 달러

~1.25조 달러이고 보상기준은 초과손해액 비례 분할입니다. 보험금은 1천만 달러이며 보험료는 2백 달러, 만기는 1년인 케이스입니다(보험금은 보험회사에서 지급하는 것이고 보험료는 보험 가입자가 내는 돈입니다).

이 경우 보상액이 1.25조 달러보다 크면 보험금 1천만 달러는 전액 지급됩니다. 보상액이 1조 달러 이하일 경우에 보험금 지급은 되지 않습니다. 만일 보상액이 1조 달러와 1.25조 달러의 중간인 1.125조 달러일 경우 보험금은 비례적으로 지급되기 때문에 5백만 달러가 지급됩니다.

이러한 상품구조를 만들기 위해서 보험사는 먼저 특수목적회사와 계약을 맺습니다. 계약의 대가로 보험사는 특수목적회사에 얼마간의 수수료를 지급합니다. 특수목적회사는 자본시장에서 자금을 조달하여 재보험 리스크를 투자자에게 전가합니다. 그리고 투자 원금, 즉 보험금 지급을 대비하는 담보금은 안전자산으로 운용합니다.

만일 큰일이 발생하지 않았다면 원본과 수수료와 이자 수익이 발생하며 투자자는 이자 수익과 수수료만큼 수익을 얻습니다. 큰일이 발생하였다면 보험계약 조건에 따라 보험금을 지급합니다.

큰 재난이 닥쳤을 경우에는 큰 손해를 볼 수도 있습니다. 하지만 실제로 펀드에는 아주 많은 건의 보험이 존재하기 때문에 심각할 정도의 큰 손실은 보지 않는 편입니다.

보험회사 입장에서는 전통적 재보험 가입을 통한 위험 전가는 혹시라도 재보험회사에서 무슨 문제가 생기는 것이 아닌가 하는 걱정을 하게 됩니다. 재보험사에서 돈이 없다고 보장 못 해준다고 하면 안 되잖아요. 반면 ILS를 통한 위험 전가는 담보가 제공되기 때문에 문제가 생기더라도 보험금 지급에는 아무 문제가 없습니다. 그래서 보험사의 자본 비율을 산정할 때 위험 전가를 100% 인정해 준다는 장점도 있습니다.

보험연계채권의 특징으로는 기존 투자자산과 전혀 다른 새로운 수익원 역할을 한다는 데 있습니다. 투자자 입장에서는 타 투자자산과 무관한 상관관계로 인해서 포트폴리오의 효율성을 증대시키며 낮은 변동성 대비 상대적으로 높은 수익도 기대할 수 있습니다.

보험연계채권에 투자하는 투자자들은 주로 영국, 미국, 유럽, 일본, 호주 등 재해와 보험에 관련성이 높은 국가에서 투자하며 연기금으로 대표적인 곳은 네덜란드 연기금, 덴마크 연기금, 스웨덴 연금, 코카콜라 연금, 뉴질랜드 연금, 온타리오 사학연금 등입니다.

05 자산유동화증권

　자산유동화는 금융기관 또는 일반기업이 보유하고 있는 비유동성 자산을 시장에서 판매 유통하기 용이한 형태로 변환시킨 후 이를 현금화하는 일련의 과정을 말합니다. 보유자산의 매각을 통한 유동성 확보, 자산의 실질적인 양도, 유동화를 위한 특수목적회사의 설립, 유동화 자산에서 발생하는 현금흐름을 통한 원리금 상환 등이 자산유동화의 주요 특징입니다.

　기업의 자산 중 매출채권, 고정자산 및 재고자산 등을 유동화한 것을 자산유동화증권(ABS, Asset Backed Securities)이라고 하고 부동산을 유동화한 것을 주택저당증권(MBS, Mortgage Backed

Securities)이라 하고 차입금 및 회사채 등 부채를 유동화한 것을 대출채권담보부증권(CLO, Collateralized Loan Obligation)이라고 합니다.

ABS(Asset Backed Securities)

ABS는 자산유동화증권입니다.

어느 은행이 있다고 가정해 봅시다. 은행이라고 돈을 무한대로 빌려줄 수 있는 건 아닙니다. 100만큼 가지고 있으면 지급준비금이라고 해서 얼마를 남기고 돈을 빌려줍니다. 만일에 돈을 맡긴 사람들이 맡긴 돈을 달라고 할 때 언제든 지급할 수 있게 일정 부분은 은행에 남깁니다. 물론 모든 사람이 한꺼번에 돈을 달라고 할 수도 있기 때문에 100%를 남기는 것이 이론적으로는 옳겠지만 사실은 그렇지 않습니다. 은행에는 수많은 고객들이 있고 정기예금을 넣은 사람도 있고 정기적금을 넣은 사람도 있고 해서 돈을 한꺼번에 달라고 하는 경우는 없습니다. 여러 가지 경험상 이 정도 돈만 있으면 되겠다 하는 수준이 지급준비율입니다.

은행은 나머지 돈으로 대출을 줍니다. 대출을 주다 보니 더 이상 빌려줄 돈이 없습니다. 은행은 돈을 많이 빌려주어 그 이자로 수익을 얻는 곳입니다. 그래서 돈을 더 빌려주고 싶습니다. 그런데 빌려줄 돈이 없습니다. 이때 은행은 머리를 씁니다. 즉, 내가 아파트를 담보로 홍길동에게 빌려준 채권을 다른 누군가에게 파는 것입니다. 그리고 받은 돈으로 다시 돈을 빌려줍니다. 이것이 자산담보부채권의 개념입니다. 이렇게 함으로써 은행은 자산에 묶이지 않고 좀 더 자유롭게 영업할 수 있으며 ABS를 사는 쪽에서도 자산이 담보되어 있으니 안심하고 투자할 수 있어 서로에게 윈-윈이 됩니다.

ABS와 비슷한 것으로 ABL(Asset Backed Loans, 자산유동화대출)이 있습니다. 예를 한 번 들어보겠습니다. ○○건설은 공사를 진행 중인데 자금이 부족합니다. 그래서 공사대금을 받으면 갚겠다고 하고 돈을 빌리려고 합니다. 공사대금을 기초자산으로 하는 ABL을 발행한 것입니다. 이런 경우 먼저 ○○건설의 시공능력을 확인합니다. 시공능력이 양호하면 진행 중인 공사를 완공하는 데 문제가 없을 것으로 판단합니다. 다음은 공사대금 지급기관이 어디인지 파악합니다. 공사대금 지급기관이 신뢰받을 수 있는 곳이라면 ABL에 투자하게 됩니다. 이 외에도 신용보강을 위해 ○○건설의 계열사가 보증을 서기도 합니다.

MBS는 ABS의 일종으로 부동산을 담보로 대출을 해 준 은행이 이 저당권을 활용하여 채권을 발행한 것입니다.

CLO
(Collateralized Loan Obligation, 대출채권담보부증권)

CLO는 기업 대출을 기초로 유동화한 상품입니다. 다양한 산업 내 기업들의 선순위 담보부 대출을 기초자산으로 해서 운용사가 운용하는 특수목적회사를 통해 발행된 AAA~B등급 채권과 주식을 의미합니다. 매매가 가능해서 적극적인 시장 대응이 가능한 특징을 가지고 있습니다.

CLO의 자산 포트폴리오는 수없이 많은 기업대출들이 모여 있는 형태입니다. 랭킹 10위까지의 기업이 총자산의 7.5%를 넘지 않습니다.

CLO를 발행하는 경우 청산 순서에 따라 트렌치(Tranche)를 정합니다. 아래 표를 보면서 설명해 드리겠습니다. 이자가 들어오면 제일 먼저 클래스 A의 지급에 사용됩니다. 제일 먼저 돈을 받는 대신에 금리는 제일 낮습니다. 돈이 남으면 그다음 트렌치 B의 지급에 사용됩니다. B의 이자는 A보다는 높지만 C보다는 낮습니다.

이런 식으로 쭉 이자를 지급해 나가다가 제일 마지막의 서브 노트(Sub Notes)는 남은 이자를 전부 수취하게 됩니다. 이렇게 지급하는 방식을 분수지급방식(Payment Waterfall)이라고 합니다.

트렌치 (Tranche)	국가신용등급 (Moody's)	금액 (Amount)	비중	표면금리
A	Aaa	$320,000,000	62.7%	Libor+0.93%
B	Aa2	$55,000,000	10.8%	Libor+1.35%
C	A2	$32,000,000	6.3%	Libor+1.70%
D	Baa3	$30,000,000	5.9%	Libor+2.60%
E	Ba3	$23,000,000	4.5%	Libor+5.35%
F	B3	$7,500,000	1.5%	Libor+7.30%
서브노트 (Sub Notes)	-	$42,800,000	8.4%	잔존 현금흐름 수취
전체		$510,300,000	100%	

부동산/재테크/창업

장인석 지음 | 17,500원
348쪽 | 152×224mm

롱텀 부동산 투자 58가지

이 책은 현재의 내 자금 규모로, 어떤 위치의 부동산을 언제 살 것인가에 대한 탁월한 분석을 펼쳐 보여 준다. 월세 탈출, 전세 탈출, 무주택자 탈출을 꿈꾸는, 건물주가 되고 싶고, 꼬박꼬박 월세 받으며 여유로운 노후를 보내고 싶은 사람들을 위한 확실한 부동산 투자 지침서가 되기에 충분하다. 이 책은 실질금리 마이너스 시대를 사는 부동산 실수요자, 투자자 모두에게 현실적인 투자 원칙을 수립할 수 있도록 해줄 뿐 아니라 실제 구매와 투자에 있어서도 참고할 정보가 많다.

나창근 지음 | 15,000원
302쪽 | 152×224mm

나의 꿈, 꼬마빌딩 건물주 되기

'조물주 위에 건물주'라는 유행어가 있듯이 건물주는 누구나 한 번은 품어보는 달콤한 꿈이다. 자금이 없으면 건물주는 영원한 꿈일까? 저자는 현재와 미래의 부동산 흐름을 읽을 줄 아는 안목과 자기 자금력에 맞춤한 전략, 꼬마빌딩을 관리할 줄 아는 노하우만 있으면 부족한 자금을 충분히 상쇄할 수 있다고 주장한다. 또한 액수별 투자전략과 빌딩 관리 노하우 그리고 건물주가 알아야 할 부동산 지식을 알기 쉽게 설명한다.

박갑현 지음 | 14,500원
264쪽 | 152×224mm

월급쟁이들은 경매가 답이다
1,000만 원으로 시작해서 연금처럼 월급받는 투자 노하우

경매에 처음 도전하는 직장인의 눈높이에서 부동산 경매의 모든 것을 알기 쉽게 풀어낸다. 일상생활에서 부동산에 대한 감각을 기를 수 있는 방법에서부터 경매용어와 절차를 이해하기 쉽게 설명하며 각 과정에서 꼭 알아야 할 중요사항들을 살펴본다. 경매 종목 또한 주택, 업무용 부동산, 상가로 분류하여 각 종목별 장단점, '주택임대차보호법' 등 경매와 관련되어 파악하고 있어야 할 사항들도 꼼꼼하게 짚어준다.

나창근 지음 | 17,000원
332쪽 | 152×224mm

초저금리 시대에도 꼬박꼬박 월세 나오는
수익형 부동산

현재 (주)기림이엔씨 부설 리치부동산연구소 대표이사로 재직하고 있으며 [부동산TV], [MBN], [한국경제TV], [KBS] 등 방송에서 알기 쉬운 눈높이 설명으로 호평을 받은 저자는 부동산 트렌드의 변화와 흐름을 짚어주며 수익형 부동산의 종류별 특성과 투자노하우를 소개한다. 여유자금이 부족한 투자자도 전략적으로 투자할 수 있는 혜안을 얻을 수 있을 것이다.

주식/금융투자

북오션의 주식/금융투자 부문의 도서에서 독자들은 주식투자 입문부터 실전 전문 투자, 암호화폐 등 최신의 투자 흐름까지 폭넓게 선택할 수 있습니다.

박병창 지음 | 19,000원
360쪽 | 172×235mm

주식 투자
기본도 모르고 할 뻔했다

코로나19로 경기가 위축되는데도 불구하고 저금리 기조가 계속되자 시중에 풀린 돈이 주식시장으로 몰리고 있다. 때아닌 활황을 맞은 주식시장에 너나없이 뛰어들고 있는데, 과연 이들은 기본은 알고 있는 것일까? '삼프로TV', '쏠쏠TV'의 박병창 트레이더는 '기본 원칙' 없이 시작하는 주식 투자는 결국 손실로 이어짐을 잘 알고 있기에 이 책을 써야만 했다.

유지윤 지음 | 25,000원
312쪽 | 172×235mm

하루 만에 수익 내는
데이트레이딩 3대 타법

주식 투자를 한다고 하면 다들 장기 투자나 가치 투자를 말하지만, 장기 투자와 다르게 단기 투자, 그중 데이트레이딩은 개인도 충분히 가능하다. 물론 쉽지는 않다. 꾸준한 노력과 연습이 있어야 한다. 하지만 가능하다는 것이 중요하고, 매일 수익을 낼 수 있다는 것이 중요하다. 그 방법을 이 책이 알려준다.

최기운 지음 | 18,000원
424쪽 | 172×245mm

10만원으로 시작하는 주식투자

4차산업혁명 시대를 선도하는 기업의 주식은 어떤 것들이 있을까? 이제 이 책을 통해 초보 투자자들은 기본적이고 다양한 기술적 분석을 익히고 그것을 바탕으로 향후 성장 유망한 기업에 투자할 수 있는 밝은 눈을 가진 성공한 가치투자자가 될 수 있다. 조금 더 지름길로 가고 싶다면 저자가 친절하게 가이드 해준 몇몇 기업을 눈여겨보아도 좋다.

박병창 지음 | 18,000원
288쪽 | 172×235mm

현명한 당신의 주식투자 교과서

경력 23년 차 트레이더이자 한때 스패큐라는 아이디로 주식투자 교육 전문가로 불리기도 한 저자는 "기본만으로 성공할 수 없지만, 기본 없이는 절대 성공할 수 없다"고 하며, 우리가 모르는 '기본'을 설명한다. 아마도 이 책을 보고 나면 '내가 이것도 몰랐다니' 하는 감탄사가 입에서 나올지도 모른다. 저자가 말해주는 세 가지 기본만 알면 어떤 상황에서도 주식투자를 할 수 있다.

최기운 지음 | 18,000원
300쪽 | 172×235mm

동학 개미 주식 열공

〈순매매 교차 투자법〉은 단순하다. 주가에 가장 큰 영향을 미치는 사람의 심리가 차트에 드러난 것을 보고 매매하기 때문이다. 머뭇거리는 개인 투자자와 냉철한 외국인 투자자의 순매매 동향이 교차하는 곳을 매매 시점으로 보고 판단하면 매우 높은 확률로 이익을 실현할 수 있다.

곽호열 지음 | 19,000원
244쪽 | 188×254mm

초보자를 실전 고수로 만드는 주가차트 완전정복

이 책은 주식 전문 블로그 〈달공이의 주식투자 노하우〉의 운영자 곽호열이 예리한 분석력과 세심한 코치로 입문하는 사람은 물론 중급자들이 놓치기 쉬운 기술적 분석을 다양하게 선보인다. 상승이 예상되는 관심 종목 분석과 차트를 통한 매수·매도 타이밍 포착, 수익과 손실에 따른 리스크 관리 및 대응방법 등 주식시장에서 이기는 노하우와 차트기술에 대해 안내한다.

유지윤 지음 | 18,000원
264쪽 | 172×235mm

누구나 주식투자로
3개월에 1000만원 벌 수 있다

주식시장에서 은근슬쩍 돈을 버는 사람들이 있다. '3개월에
1000만 원' 정도를 목표로 정하고, 자신만의 투자법을 착실
히 지키는 사람들이다. 3개월에 1000만 원이면 웬만한 사람들
월급이다. 대박을 노리지 않고, 딱 3개월에 1000만 원만 목표
로 삼고, 그것에 맞는 투자 원칙만 지키면 가능하다. 이렇게
1000만 원을 벌고 나서 다음 단계로 점프해도 늦지 않는다.

근투생 김민후(김달호) 지음
16,000원 | 224쪽
172×235mm

삼성전자 주식을 알면
주식 투자의 길이 보인다

인기 유튜브 '근투생'의 주린이를 위한 투자 노하우. 국내 최초
로 삼성전자 주식을 입체 분석한 책이다. 삼성전자 주식은 이른
바 '국민주식'이 되었다. 매년 꾸준히 놀라운 이익을 내고 있으
며, 변화가 적고 꾸준히 상승할 것이라는 예상이 있기에, 이 책
에서는 삼성전자 주식을 모델로 초보 투자자가 알아야 할 거의
모든 것을 설명한다.

금융의정석 지음 | 16,000원
232쪽 | 152×224mm

슬기로운 금융생활

직장인이 부자가 될 방법은 월급을 가지고 효율적으로 소비하
고, 알뜰히 저축해서, 가성비 높은 투자를 하는 것뿐이다. 그 기
반이 되는 것이 금융 지식이다. 금융 지식을 전달함으로써 개설
8개월 만에 10만 구독자를 달성하고 지금도 아낌없이 자신의 노
하우를 나누어주고 있는 크리에이터 '금융의정석'이 영상으로는
자세히 전달할 수 없었던 이야기들을 이 책에 담았다.

터틀캠프 지음 | 25,000원
332쪽 | 172×235mm

캔들차트 매매법

초보자를 위한 기계적 분석과 함께 응용까지 배울 수 있도록 자
세하게 캔들 중심으로 차트의 원리를 설명한다. 피상적인 차트
분석이 아니라 기계적으로 차트를 발굴해서 실전에서 활용하는
데 초점을 맞춘 가이드북이다. 열심히 공부하고 노력하여 자신
만의 매매법을 확립해, 돈을 잃는 투자자에서 수익을 내는 투자
자로 거듭날 계기가 될 것이다.